거미집 다시 보기
뻘랑세깡스

거미집 다시 보기

뻘랑세깡스

읻다

차례

프롤로그 19

감독의 방
—김지운 23

배우의 방
→ 송강호 43
→ 임수정 78
→ 오정세 112
→ 전여빈 140
→ 정수정 174
→ 박정수 203
→ 장영남 214

→ 김민재 224
→ 김동영 226
→ 장남열 228
→ 정기섭 230
→ 김중희 231

→ 단역배우 234 ~ 248

스태프의 방
→ 김지용 252
→ 정이진 254
→ 김서영 272
→ 최의영 278
→ 양진모 286

프로듀서의 방
—이동진 292

제작자의 방
—최재원 299

부록
—인터뷰 346
—콘티 362

에필로그 383
엔딩 크레디트 387

〈거미집〉의 상영은 어메이징하고 위대한 프리미어였다. 관객들은 영화를 즐겼고 반응은 뜨거웠다

티에리 프리모(칸국제영화제 집행위원장)

〈거미집〉은 영화 만들기의 본질에 관한 정당하고 감동적인 고찰이다. 오직 김지운 감독만이 만들 수 있는 영화다
-패트릭 버제스키(할리우드 리포터)-

〈거미집〉은 70년대 한국 시네마의 시간으로 간 영화. 거장 김지운 감독은 창조의 본질에 대해 깊숙히 파고 들고 송강호는 스크린을 장악한다. 영화는, 계속되어야 한다
-마누엘 쉬샤(더 조커스 필름 대표)-

〈거미집〉을 보고 나면 두 편의 영화를 한 번에 본 듯한 기분이 든다.
-연합뉴스-

하나의 장르로 규정짓기 힘들 정도로 다양한 이야기와 분위기, 배우들의 연기가 휘몰아치는 '걸작'
-조이뉴스24-

영화팬들을 위한 종합선물 세트
-iMBC연예-

코믹극 속에 담은 극한의 예술혼
-스포츠한국-

송강호×임수정×오정세×전여빈×정수정의 영화에 대한 헌사
-디지틀조선일보-

처절하게 웃고 처절하게 잔혹하다. 지금까지 본 적 없는 지독한 우화
-스포츠조선-

독특하다. 영화의 다양성 측면에서 반갑고 신선한 영화의 탄생
-JTBC엔터뉴스-

눈 뗄 새 없는 압도적인 흡인력
-일요신문-

김지운 감독과 배우 송강호가 걸작을 완성시켰다
-뉴스컬처-

어딘지 모르게 희한하고 묘한 유머
-디스패치-

지금까지 본 적 없는 신선한 영화의 등장
-더팩트-

캐릭터 앙상블 영화의 진수
-SR타임스-

김지운 감독작품

거미집

송강호 임수정 오정세 전여빈 정수정

〈거미집〉을 개봉하고 나서 문득 학창 시절 너무도 자신 있었던 시험에서 답을 하나씩 밀려 썼던 최악의 성적표를 기억하기 싫어서 억지로 지웠던 기억이 떠올랐다.

'〈거미집〉왜 제작하신 거예요?'

'흥행이 어려울지 모른다는 생각은 안 해보셨어요?'

'영화는 너무 재밌게 봤어요. 근데 왜 이때 개봉하신 거예요?'

많은 영화에 관여하면서 사실 결과에 따라오는 이런 말들에 대꾸를 해본 적이 없었다. 영화의 결과는 관객의 몫이라 생각했기에 제작자의 어떤 말도 변명에 지나지 않는다고 생각했다. 하지만, 〈거미집〉은 느낌이 달랐다. 변명이라기보다는 쉽게 잊혀지고 지나치는 것이 몹시 속상했다. 이렇게 지워져서는 너무 아쉬운, 그래서 기억하고 싶은, 아니 다른 사람들이 알아줬으면 하는 간절함 같은 것이 올라왔다. 그것이 이 책을 엮고자 한 이유이기도 하다.

대중의 선택에 운명을 맡겨야 하는 상업적 대중문화에서 결과는 모든 것을 대변하기도 한다. 완성도, 예술성, 문화적 가치 등등 여러 가지 의미를 부여해도 상업적인 성공, 즉, 관객의 선택이 부여한 결과의 의미는 모든 것을 능가한다. 통상 영화 투자 혹은 흥행성 산업의 투자 리스크는 도박에 가까운 평가를 내린다. 그만큼 대중의 판단을 예단할 수 없다는 것이다. 그래서, 상업 영화의 가치는 늘 도전적인 의미를 가지며, 참여자들의 의지와 노력이 만들어내는 과정이 이 불안한 미래 가치를 기대 가치로 만들었던 것 같다.

기획 단계부터 우려와 기대가 공존했던 영화〈거미집〉은 코로나가 만들어낸 달라진 극장 환경과 미디어 소비문화 속에서 관객들을 만났다. 짧지 않은 제작 과정에서〈거미집〉은 한껏 기대를 받기도 했지만, 결국 흥행 전선에선 초라한 성적을 받아 들었다. 감독님과 제작자인 나는 물론이고 주연 배우를 비롯한 배우, 스태프들 모두 서로의 의지가 서로에게 믿음이 되면서 제작이 쉽지 않았던 시기에 참으로 알차고 신나는 시간을 보냈고, 아낌없는 노력으로 최선의 결과를 얻었다고 생각했다. 최소한 칸에서 10분이 넘는 기립 박수를 받고 영화를 개봉하기 전까지는….

그래서일까? 더욱 애정을 갖고 참여했던 모든 사람들과 팬들에게 이 결과는 PTSD급의 실망을 안겨주었고, 모두의 건강을 위해 빠르게 잊혀지고자 언급조차 회피했다.

그러나, 잊고자 하는 건 결과일 뿐 반드시 돌아보고 기억되어야 할 과정이 있었다. 실패를 거듭하지 않기 위해서도 그렇지만, 잊어서는 안 되는 좋은 과정을 결과가 부족하다고 흘려보낼 수는 없었다. 더욱이, 그 시간 속에서 어우러진 개개인의 열정과 재능, 노력이 서로의 땀과 눈물로 만나 만들어낸〈거미집〉의 모든 제작 과정은 놓쳐서는 안 될 기록의 시간이라는 생각이 들었다.

시나리오도 보지 않고 참여한 사람들에 대한 믿음으로 투자를 결정하던 드라마 같은 순간, 첫 제안에 한 번도 거절하지 않았던 주연 배우들, 그리고 이런 어벤져스급 배우들이 만드는 사상 최고의 앙상블의 시간들, 오랜 기간 익숙해진 영화 동지들이 만드는 공간과 시간, 헤드급 스태프들의 기막힌 호흡 속에 신진들이 함께 만들어내는 오케스트라 같은 현장, 번뜩이는 아이디어와 반짝이는 손길이 만들어낸 공간, 열정이 여유가 되고, 서로의 노력이 웃음이 되고, 날카로운 시선이 격려가 되던 시간, 언제든 다시 현장을 꾸리면 이렇게 할 수 있을까 싶은 너무 소중하고 기억되어야 하는 시간들이었다.

물론, 다시 돌아보고 재배치하다 보니 부족했던 부분도 많았고, 반복해서는 안 되는 실수도 있었다. 이 모든 것은 다음 기획에 백서로 정리하고자 하며, 이 책에서는〈거미집〉의 중심이었던 김지운 감독님이 배우들과 스태프들에게 전하는 진심 어린 기억과 주조연 배우들의 가슴 벅찬 현장 이야기를 먼저 남기고자 한다. 아울러,〈거미집〉의 모든 공간을 채워준 단역 배우들의 열정을 작지만 그들의 목소리로 남기고자 한다. 또한 모두가 베테랑이었던 스태프들이 만들어낸 주요 시간들을 기록으로 남기면서 모두의 노력과 재능을 기억하고자 한다.

통상, 영화가 관객을 만날 때면 응당 연출을 한 감독과 주조연 배우들이 관심을 받게 된다. 그렇게, 영광을 가져가는 것으로 보이지만, 그만큼 멍에를 짊어지기도 한다. 감독과 배우들의 지난 인터뷰를 정리하고, 소회를 담아보면서 다시 한번 감독과 배우들이 만들어준 시간과 열정과 노력에 대해 감사의 마음이 더욱 들었다. 진정 이 영화를 만들어준 스태프들이 또한 간절하게 생각났다. 한 명 한 명 모든 스태프의 열정과 정성이 얼마나 소중한 자산인지 새삼 느꼈다. 그리고, 더 생각나는 사람들은 단역 배우들이었다.〈거미집〉은 내용상 영화 현장에 대한 이야기라 영화 스태프 역의 단역 배우들이 많이 등장한다.

이 배우들은 매번 연결되어야 하기에 주조연 배우들과 늘 같은 공간에 있어야 하며, 결국 그들이 영화의 모든 공간을 채우게 되었다. 포커스가 나가 있는 공간에서도 말이다. 그래서, 이 책을 통해 현장의 모든 시간을 만들어준 스태프들과 열정으로 모든 공간을 메워준 단역 배우들에게 진심으로 감사의 마음을 전하고 싶다. 독자분들도 한 번쯤 이들을 돌아봐 주시길 간절히 바란다.

이 작은 기록이〈거미집〉을 아껴준 관객들에게는 작은 선물이, 미처 눈여겨 못 본 관객들에겐 다시 영화를 돌아보는 기회가 되길 바라본다. 아울러,

이 책을 빌려 전하는 감독님의 따뜻한 시선이 〈거미집〉 제작 과정을 함께한 모든 이들에게 격려가 되고, 배우들의 애정 어린 시선은 우리 모두에게 휴식과 위안이 되길 바란다. 또한, 참여했던 단역 배우들이나 스태프들에겐 이 돌아봄이 미력이나마 희망이 되고, 또 영화를 공부하고 또 준비하는 사람들에겐 작은 나침반이 되었으면 하는 바람이다.

제작자로서 결과에 대한 모든 책임을 통감하지만, 과정을 돌아보는 이 책을 통해 우선 〈거미집〉에 참여한 모든 분들에게 드리는 감사의 인사를 대신하고자 한다. 아울러, 돌아보는 이 시간과 글을 통해 참여했던 우리 모두 우리의 노고를 조금이나마 이해하고, 서로 토닥이고 격려하는 계기가 되길 바란다. 어제의 못난 과정을 돌아보는 성가시고 더딘 시간이겠지만, 돌아볼수록 우리의 선택과 행보가 의미 있었다는 것을 거듭 전하고 싶었다. 그래서, 〈거미집〉과 함께한 모든 경험이, 모든 이들이 각자의 분야에서 지치지 않고 더 좋은 내일을 위해 내딛는 힘찬 한 걸음에 조금이나마 도움이 되길 바랄 뿐이다.

끝으로, 이 책을 열어봐 주신 독자분들께 거듭 감사의 인사를 전하며, 우리의 작은 이야기가 여러분의 삶에 조금이나마 의미가 되길 바란다. 따뜻하고 애정 어린 목소리로 글을 써주신 김지운 감독님과 배우분들에게 거듭 감사의 마음을 전한다. 그 글들이 독자들에게 특별한 의미가 될 것으로 기대한다.

2024년 여름 장충동 제작사 사무실에서
앤솔로지스튜디오 대표 최재원

감독의 방
김지운

"영화는 무엇일까?
영화는 어떤 의미일까?
나는 영화를 사랑하고
있는가?"

▶ 나는 왜 〈거미집〉을 만들게 되었는가?

아니, 이것은 잘못된 질문이다. '〈거미집〉을 만들 때 나는 어떤 생각을 가졌었나'라고 묻는 게 더 적절한 질문이 된다. 코로나19 팬데믹의 광풍이 미 대륙과 유럽 대륙을 거쳐 한국에 도달했을 때다. 아시다시피 모든 게 멈춰버렸다. 식당도, 술집도, 카페도, 극장도 멈췄다. 거리에 나가봐도 도시의 건물 사이로 싸늘한 삭풍만 맴돌 뿐 사람도 차량도 멈췄다. '인류 최후의 날'이라는 영화가 나온다면 이런 풍경이 아닐까 했다. 살면서 한 번도 경험하지 못한 세상이 되었고, 다시는 이전의 세상으로 돌아갈 수 없을 것 같았다. 5인 이상 사적 모임은 금지되었고, 대규모로 사람들이 많이 모이는 곳은 폐쇄되었다. 경기장도, 콘서트홀도, 극장도 폐쇄되었다.

세상이 멈추고, 극장이 멈추고, 영화가 멈추자 정말 이대로 영화가 사라지는 것이 아닐까 하는 두려움과 불안증에 시달렸다. 이렇게 시작된 질문은 내 안에서 커다란 격랑을 일으키다가 그새 돌덩이만큼 무거운 화두가 되었다. '영화는 무엇일까? 영화는 어떤 의미일까? 나는 영화를 사랑하고 있는가?' 끝없이 이어지는 상념과 신경쇠약 직전의 불안이 온 정신을 휘감싸고 있을 때 〈거미집〉을 만났다.

영화를 만들 때마다 촬영을 끝내고 돌아와 잠자리에 들기 전 곰곰이 복기해 보면 최선을 다했어도 최상의 것이 나오지 않는 장면들을 떠올리며 왜 아직도 난 이 모양일까? 하는 자괴감으로 불면의 밤을 지새우기 일쑤였고 스스로의 한계를 절감한 채 아득해진 마음으로 아침을 맞고 현장에 가면 지난밤 심장을 후비며

이리저리 돌아다녔던 감정의 찌꺼기들이 사방팔방으로 흩어졌던 날들이 셀 수 없을 정도여서 언젠가 영화에 대한 이야기를 만들게 된다면 이리도 잡히지 않는 창작에 대한 고뇌와 한계의 절망을 느끼는 감독의 이야기를 해도 좋겠다고 막연하게 생각만 했었는데, 이렇게 영화의 위기의 시대에 영화에 대한 이야기를 하게 될지는 몰랐다.

정신을 차리고 주변을 보니까 나와 같은 고민을 하는 영화인들이 수두룩했다. 한국뿐 아니라 할리우드에서도, 유럽에서도, 가까운 아시아에서도. 시선과 애정과 기억의 결은 조금씩 달랐어도 다시 한번 영화를 처음부터 들여다보기라도 하는 것처럼 영화 이야기를 하기 시작했다. 나 또한 그렇게 '거미집'이란 이름의 파일을 열었고 훌륭한 원작에 내 불안증을 흩뿌리기 시작했다.

영화를 하면서, 거리에서, 회의실에서, 현장에서 느꼈던 영화에 대한 크고 작은 감정과 상념들, 그렇게 좋아하던 영화에 환멸을 느꼈고, 환경이 내 마음을 따라오지 못하면 쉬운 길을 따라 관습적으로 만들기도 했고, 그게 연륜과 관록이라 오해했고, 그렇게 사랑했던 영화가 날 배신했고, 정신 차려보면 다 내 탓이었고, 환희와 비탄과 쾌감과 절망과 근심 걱정과 노심초사와 오해했던 기억들이 모이기 시작했고,

이윽고 〈거미집〉을 완성하고 되돌아보니 하나의 질문만 더욱 선명해져 있다.

"난 아직도 영화를 사랑하는가?"

▶ 송강호에 대하여

송강호 배우에게 어떤 수식어를 붙여야 식상하지 않을까?

국민 배우? 칸의 남자? 배우들의 배우? 해외에서 가장 존경받고 많이 알려진 한국 연기자? 무엇으로 불리든 다 맞고 하나하나 다 어마어마하다.

26년 전 〈조용한 가족〉으로 처음 만나 5~8년 주기로 다섯 편의 작품을 함께 했고(내 영화의 반을 그와 함께 했다), 새 작품으로 조우할 때마다 훌륭한 연기자가 되는 것은 훌륭한 사람이 된다는 것과 같음을 그를 통해 확인받았다.

그와 함께 했던 모든 작업이 그랬지만 유독 〈거미집〉 촬영장에서 보여준 동료들에 대한 애정과 헌신이 기억에 남는다.

자기 촬영이 아닐 때도 동료, 후배들의 연기를 유심히 지켜봐 주고, 오케이 사인이 떨어지면 기함에 가까운 큰 소리로, 박수와 환호로 동료 연기자의 힘을 북돋아 주고, 현장 분위기를 들썩거리게 한다.

후배 배우가 길을 못 찾아 헤매는 것 같으면 섣불리 나서지 않고 기회를 엿보다 조용히 다가가 신중한 조언을 해준다. 사랑방 역할을 했던 세트장 앞 정자는 배우, 스태프들의 쉼터이기도 했지만, 송강호 앞에 옹기종기 모여 앉아 선망과 열망이 가득 찬 시선으로 선배 연기자의 이야기를 경청하는 후배 연기자들로 가득했던 풍경을 종종 볼 수 있었다.

송강호는 사람 자체가 후지지 않아 "라떼는 말이야"식의 회고조의 얘기로 도배하지 않는다. 태생이 내성적인 사람인데 말은 왜 그리 또 재밌게 하는지 슬그머니 귀동냥으로 듣고 있으면 삐질삐질 웃음이 나오는 걸 견딜 재간이 없다.

더딘 진행으로 의기소침해진 현장 분위기에도 그가 앵글 안으로 들어오면 어느새 그 현장은 엄청난 에너지와 활기가 생긴다.

배우 한 명의 집중력에서 뿜어져 나오는 강력하고 좋은 에너지가 그 큰 공간을, 순식간에 얼음장처럼 차갑게 만들었다가 언제 그랬냐는 듯 허허실실 무장해제시켜 버린다. 이렇게 쥐락펴락하는 연기 장악력은 예술가로서 약점과 결핍을 느끼는 동시에 예술적 욕망과 야심으로 뒤엉킨 〈거미집〉의 김열 감독의 고뇌와 광기를 표현하는 데 완벽하게 일치된다.

이 위대한 배우에게 어떤 수식어를 갖다 붙인다 한들, 그가 이뤄낸 성취에 비하면 내 어설픈 어휘력만 드러날 뿐이다.

▶ 임수정에 대하여

20년 전 임수정 배우와 〈장화, 홍련〉에서 만났다.

그리고 20년 만에 〈거미집〉에서 다시 만났다.

그사이 멀리서나마, 매 작품 빛나는 연기를 보여주며 큰 배우로 성장하고 있는 임수정 배우에게 응원을 보냈고 언젠가 다시 한번 그녀와 작품을 함께 하게 되길 기다렸고 〈거미집〉에서 그 소원을 이루게 되었다.

사실 임수정 배우가 맡은 이민자 역은 비중이 그리 크지도 않고 그 연기의 디테일을 호흡 단위로 세심하게 들여다보지 않으면 그 진가가 막 드러나지도 않는다. 이렇게 아는 사람만, 보이는 사람만 보이는 수준의 연기 테크닉이 필요한 역할이었다. 이민자를 연기한 임수정은 매우 정확한 타이밍에 적절한 호흡과 템포로 악보에 음표를 찍어내듯 연기한다. 이를테면 "여기 잠깐만요. 지금 프로님 입장해서 시범을 보이겠습니다. 자 보셨나요? 지금 리미티드 스페셜 에디션 고급 연기 보셨나요? 아니 무슨 저런 고급 연기를 힘 안 들이고 저리 깔끔하게 하고 가시나?" 촬영 내내 그런 상태로 임수정의 연기를 지켜보았다.

나는 임수정 배우를 통해 오즈 야스지로의 우아하고 교양미 넘치는 하라 세츠코가 복수의 일념으로 점점 광녀가 되어가는 광기의 하라 세츠코를 보고 싶었다.

임수정 배우는 온몸으로 비를 흠뻑 맞고 흰자위가 드러난 눈을 희번덕거리며 저주의 독설을 퍼붓고 광기의 육탄전을 불사하면서 여태껏 한 번도 보지 못한 광녀의 연기를 내 기대 이상으로 120퍼센트쯤 채워줬다.

극 중 음모를 꾸미는 장면에서도 정확한 타이밍에 눈알을 굴리고 입술을 삐죽거리는 세밀한 표정 변화의 테크닉을 구사해 줬고, 정수정 배우와 함께 영화의 후반부 하이라이트의 대미를 멋지게 장식해 줬다.

그리고 또 한 가지 내 개인적인 바람이 있었는데 송강호와 임수정, 이 두 사람이 한 화면에 잡혀 있는 것을 보고 싶었고 그것을 〈거미집〉에서 이뤘다.

나는 영화 속 영화인 〈거미집〉에 이민자가 등장할 때마다 황홀한 마음으로 모니터를 지켜보며 뇌까린다. "정말 잘한다. 임수정."

20년 만에 정말 잘 만났다.

▶ 오정세에 대하여

오정세 배우는 특이하다.

무슨 역할을 하든, 그 배역이 냉혈한이든, 속내를 알 수 없는 비릿한 인물이든, 껄렁껄렁한 조폭 보스든, 착한 천성 같은 걸 보이게 만들어 그 인물을 밉지 않게 만들어버린다.

어떤 역을 하든 그 인물에게서 "천성을 보이게" 만드는 대단히 뛰어난 재능과 감성을 갖고 있다는 말이다.

동료 감독이 언젠가 만들고 싶다는 사이코패스 스릴러 '애는 착해'가 영화화된다면 제일 먼저 오정세를 추천하리라.

그가 또 특이한 건 그렇게 웃기는 사람이 실제론 말수도 적고 엄청난 극 내향성의 사람이란 거다(사실 〈거미집〉의 주요 배우들의 MBTI가 박정수 선생님만 제외하고 모두 I다).

〈거미집〉으로 만나기 전에는 사석에서 또는 촬영장이나 행사장에서 그를 만나 간단하게 인사를 하면, 정말 간단하게 인사만 하고 끝이다. 한번은 매번 그러기도 어색하고 민망해서 인사도 하고 말도 시켰는데 내 질문보다 더 짧은 대답을 하거나 정확한 의사 표현 없이 웃음으로 얼버무리곤 했다. 그게 끝이다. 그런 그의 낯가리는 성격을 알아서 〈거미집〉 강호세 역으로 우리가 처음 자리를 할 때 내가 대화를 많이 준비해야겠다고 마음먹고 있었는데, 사무실에 들어와 자리에 앉자마자 오정세 배우가 강호세에 대한 질문과 아이디어를 마구 꺼내서 깜짝 놀랐다.

아마 그도 나처럼 대화할 거리를 밤새워 고민했을지도 모른다.

촬영 때도 그는 끝없이 아이디어를 냈고, 그렇게 해서 그의 아이디어가 많이 반영된 오정세만의 강호세가 나올 수 있었다.

〈거미집〉은 서로 주고받고 치고 빠지고 힘 줬다가 흘려보내듯 하는 이런 대화의 테크닉이 끊임없이 이어지는 '티키타카' 영화이고, 대사 자체의 재미도 중요하지만 타이밍과 템포, 그리고 강약 완급 조절이 아주 찰지게 디자인되어야 하는 영화다.

나는 특별히 오정세 배우에게 가볍지만 탄성 있고 감칠맛 나는 그만의 대사력을 최대한 살려 관객들에게 대사가 애드리브처럼 들렸으면 좋겠다고 했고, 오정세 배우는 그의 장기를 유감없이 발휘해 냈다.

영화의 깨알 같은 재미는 오정세 배우의 몫이 되었다.

바람둥이 미남 스타 강호세가 밉지 않게 사랑받을 수 있었던 것은 오정세 배우의 탁월한 재능이자 좋은 감성 때문이다.

또 한 가지 좋은 점, 아마도 대한민국에서 가장 바쁜 배우인데도 〈거미집〉 관련 모임이나 행사에 잠깐이라도 참석해 준다.

그런 마음 씀씀이가 연기에, 화면에 잡히는 거겠지 하는 생각을 했다.

▶ 전여빈에 대하여

전여빈을 처음 만난 것은 〈밀정〉 때지만, 사실 보다 먼저인 건 어느 영화 시사회 뒤풀이였고 그때 처음 인사를 나눴다. 첫인상은 뭐랄까. (내 의미의) 어딘지 고혹적이면서 우아함이 느껴지는, 당시 또래의 다른 배우들에게서는 보기 드문 그런 클래식한 분위기를 가졌다고 생각했다.

그러던 차에 〈밀정〉 때 일제강점기의 경성 기생 4인방으로 만났고, 아쉽게 편집에서 잘려나가 아쉽던 차에 다시 〈인랑〉에서 음습한 디스토피아 거리의 버스 정류장 광고판 화장품 광고 모델 장면으로 다시 만나 지난번의 아쉬움을 달랬다.

그러다 전여빈 배우는 어느새 영화와 드라마에서 엄청난 성장세를 보이더니 어느새 모든 사람이 주목하는 배우가 되어 있었고, 그녀와 또 한번 만날 날을 기다리던 중에 〈거미집〉으로 기회가 생긴 나는 그 기회를 놓치지 않았다.

사실 〈거미집〉에 나오는 역할 중에 전여빈 배우가 맡은 미도는 근거도 없고 맥락도 없이 자기가 믿는 대상을 향해 급발진하고 드라이브가 걸려 앞뒤 안 보고 불길 속으로 뛰어드는 불나방 같은 존재여서 그야말로 맨땅에 헤딩하듯 캐릭터를 만들어내야 했다.

모르긴 몰라도 전여빈 배우는 미도의 정당성을 찾기 위해서 꽤 마음고생을 했을 거라 짐작한다.

촬영 초반 캐릭터에 대한 의심과 불확실성 사이에서 나도, 그녀도 어떤 게 맞는 건지, 우리가 가고 있는 게 괜찮은 건지 고심에 고심을 더했다. 그러다 "이런 불나방 같은 캐릭터가 맞는 게 어딨겠어, 영화 속 대사처럼 그냥 자신을 믿고 가는 게 맞는 거고 그게 편하게 나오면 맞는 거지" 하고 그렇게 합의하고 어느 날 모니터를 들여다보고 있는데, 전여빈 배우가 마음으로 하고 있다는 게 보였고, 연기자의 마음이, 배역의 마음이 느껴지면 그것으로 됐다 하고 생각했다. 그 뒤로 그녀는 현장에서 날고뛰고, 그야말로 사방팔방 방방 뛰며 그야말로 거침없이 미도를 보여줬다.

그녀는 〈거미집〉 촬영 때 다른 작품과 겹쳐 있어서 현장에 올 때면 거의 기진맥진한 상태로 왔다. 촬영을 준비하기 위해 분장실로 향하는 그녀의 안색을 슬그머니 살피면 정말 얼굴에 "나 진짜 개피곤"이라고 쓰여 있어 살짝 걱정하곤 했는데, 준비를 끝내고 앵글 안으로 들어오면 그녀는 언제 그랬냐는 듯 활기 가득한 에너지 만땅의 미도로 완벽하게 바뀌어 있었다. 어느새 전여빈은 저리 근성 있는 연기자가 되었는지.

그녀는 작품에 임할 때 진짜 마음을 다하는 배우다. 컷으로 나눠서 볼 땐 조금 에너지를 죽여야 하나 고민했다가도 다른 컷들을 붙여보면 너무나 찰떡처럼 달라붙는다. 그녀의 미도를 향한 마음의 크기가 내 눈높이를 넘어섰기 때문이다. 영화가 완성되고 모든 일정이 끝난 뒤에도 미도의 마음이 계속 느껴지게 만든다. 연기를 잘한다는 게 여러 의미와 해석이 있지만, 인물의 마음을 보이게 하는 배우를 만난다는 것은 우리의 축복이다.

▶ 정수정에 대하여

정수정 배우를 처음 보고, 그러니까 f(x) 크리스탈 시절, 어쩜 저렇게 매력적으로 새침하게 생길 수 있을까? 하고 생각했었다. 방송에 나와도 잘 웃지 않아서 시크한 매력이 더 돋보였는데, 그렇게 도도한 매력을 뿜다가 어느 순간 꽃망울 터트리듯 해맑게 웃어주면 그 싱그러움에 누구든 무장해제되었다.

그녀가 가수 활동을 잠시 접어두고 연기자 생활을 한다고 했을 때 나는 생각했다. '오! 정말 궁금하다. 저렇게 세련되고 새침한 얼굴을 가진 연기자는 어떤 연기를 보여줄까?'

그러던 차에 〈거미집〉으로 만나게 되었는데, 그러니까 종종 어떤 행사장 같은 데서 가볍게 인사를 한 적은 있지만 이렇게 대화를 길게 나눈 것은 처음이었다. 하지만 우리는 〈거미집〉 얘기는 하나도 안 했다.

배역에 대한 이야기도 나누지 않았다. 그저 〈거미집〉과 상관없는 다른 영화 이야기와 음악 이야기, 패션과 디자인 등 가벼운 수다를 한 시간 넘게 둘이서 떨었다.

정수정 배우는 말할 때 두 팔을 크고 강하게 쓰며 자기가 하는 말을 더 강조하려는 듯 표정과 몸동작도 힘 있게 사용했다. 화제나 주제에 따라 표정이나 말씨가 시시각각 달라지는데 어떨 땐 산전수전 다 겪은 카리스마 여장부가 되었다가 금세 사랑만 받고 자란 손 많이 가는 외동딸처럼 굴다가 또 그새 암고양이처럼 새침한 표정으로 웅크리고 있다. 시크하거나 새침, 이런 표정으로만 알고 있던 그녀가 자기 안에 주체할 수 없고 숨길 수 없는 여러 얼굴의 끼와 에너지를 매력적으로 뿜어내는 걸 보고 오! 새로운 궁금증이 생겼다. 두 번째 만남에서는 그냥 부담 없이 대본 리딩이나 가볍게 하자고 했다. 흔쾌히 받아줬고, 같이 처음 리딩을 하는데 속으로 왜 이리 잘해? 하고 생각했다. 정수정 배우는 현장 아이큐가 진짜 높다. 현장의 이해력과 수용 능력이 빠르고 정확하다. 〈거미집〉의 양진모 편집감독이 가장 좋아한 배우가 정수정 배우다.

어떤 테이크에 어떤 컷을 갖다 붙여도 매 테이크 정확한 감정과 동작으로 컷에 풀칠해 놓은 듯 딱 붙어버린다.

편집할 때마다 매번 혀를 내두른다. 수년간 정확한 퍼포먼스를 요구하는 정상급의 아이돌 경력으로 얻어진 프로 근성일 테다. 송강호 배우와 정수정 배우의 첫 리딩 때였다. 송강호라는 대선배 배우와의 첫 리딩이니 얼마나 긴장했을까. 어찌어찌 첫 리딩을 끝내고 다음 리딩을 약속하며 뿔뿔이 헤어졌다.

10분쯤 지났을까? 송강호 배우에게 문자 하나가 왔다. "정수정 배우 캐스팅 잘했는데요? 너무 좋습니다." 이 말을 정수정 배우에게 해줬던가? 들었다면 그녀는 정말 기뻐했겠지. 그 문자를 받았던 나만큼이나.

〈거미집〉을 통해 또 하나의 좋은 배우를 발견한 느낌인데 이런 발견의 느낌은 정말 감독에게는 커다란 행운이자 축복에 가깝다.

▶ 박정수 선생님에 대하여

나는 TV 드라마를 잘 보는 편이 아니어서 방송 드라마 쪽에만 전념하는 연기자분들에 대한 정보나 지식이 없는 편인데 웬일인지 시트콤 드라마는 실실거리며 볼 때가 있다.

2000년대 초반 인기 시트콤이었던 〈웬만해선 그들을 막을 수 없다〉도 가끔씩 넋 놓고 볼 때가 있었는데 그때마다 박정수 선생님의 까랑까랑한 목소리가 인상적이었고 아직도 귓가에 들리는 듯하고 스틸만 봐도 음성 지원이 되는 듯한 느낌을 받는다.

아니 어떻게 모든 말이 다 잘 들리지? 말을 많이 하는 영화, 말이 잘 들려야 하는 영화로 〈거미집〉을 만들기로 하고 오여사 역을 생각했을 때 바로 박정수 선생님이 떠올랐다.

처음 사무실에서 봤을 때 왜 누아르 감독이 자기를 찾는지 의문이 드셨다고 했다.

이번 영화는 누아르가 아니고 밝고 맑은 명랑한 내용은 아니지만 굳이 말하자면 일종의 블랙코미디라고 말씀드렸다.

자기는 영화는 모르니까 감독님이 다 알아서 해주세요, 하셨다.

나는 내가 원하는 걸 이미 선생님이 가지고 계시니 염려 놓으시라고 했다.

이렇게 시원시원하게 첫인사를 끝내고 첫 전체 리딩을 시작했고 리딩을 하면서도 현재 최고의 후배 배우 누구와 붙어도 밀리지 않는 정확한 감정 포인트와 호흡, 또랑또랑한 소리를 내주셨다.

촬영에 들어가서는 낯가림 많은 〈거미집〉 팀을 엔도르핀을 돌게 하는 분위기로 바꾸어놓으셨다.

스태프들을 잘 챙기시고 사심 없이 대하시니 어린 스태프들이 어리광을 피울 정도로 친근한 분위기로 만드신다. 자신이 젊었을 때 봤던 영화 현장이랑 너무 다르다고 그때는 너무 거칠고 무서웠다고 하시며 젊고 협력적이며 부드러워진 영화 현장을 좋아하셨다. 장면 하나를 서로 고민하고 대화하며 찾아가는 영화 현장의 협력적인 분위기도 너무 좋아하셨다.

촬영이 있을 때마다 소금빵과 단팥빵을 양손 가득 직접 배달해 오셔서 오여사가 나오는 날의 현장은 언제나 말 그대로 웃음꽃이 피고 먹을 복이 터지고 꽤나 시끌벅적한 날이 된다.

현장의 배우와 스태프들을 가족처럼 생각하시는 것 같았다.

나를 포함한 거의 모든 배우들이 I 성향인데 혼자 E 성향인 선생님은 정말이지 혼자 고군분투하셨다. 그러다가도 자신이 찍을 차례가 오면 또 극도로 예민해지시고 뭔가 감정이나 대사가 안 풀리는 느낌이 오면 날카로워지신다. 앵글 안에서 극도로 예민해지시는 것, 앵글 밖에서는 현장 분위기를 띄워주시는 것 모두 자신이 부족한 사람이 될까 봐, 그래서 이 모든 사람들에게 짐이 될까 봐 그런 염려의 마음으로 〈거미집〉의 처음과 끝을 다 하셨다. 선생님의 그런 마음을 우리 모두 알기에 영화가 끝나고도 선생님과 배우들과 우리들은 자주 보게 된다. 선생님의 덕이 크다. 선생님 정말 짱이세요.

▶ 장영남 배우에 대해서

대학로에 전설적인 극단들이 있다.

목화, 76, 연우무대, 학전, 차이무 등등이 대표적인데 그 극단들은 연극 정신을 잃지 않으면서 혁신적인 동시에 상업적으로도 성공적인 작품들을 만드는 극단들이다.

장영남은 그중 가장 헤리티지가 많고 군기가 세고 터프한 극단인, 그야말로 괴물 같은 연기자가 득실거리는 목화 출신 배우다. 영화나 드라마로 얼굴을 알리기 전 이미 대학로의 스타였고 명성이 자자했다.

매체로 옮겨와선 영화, 방송 안 가리며 종횡무진 활약하는 것을 보았고 어느새 믿고 보는 배우로 자리 잡았다.

나와는 작품 운때가 안 맞은 데다 워낙 스케줄이 바쁜 배우라 내 영화까지 나올 순 없었지만 나는 언젠가 저 배우와 작업할 날이 오겠지? 하고 혼자 생각했었고 드디어 〈거미집〉에서 만나게 되었다.

재차 말하지만 〈거미집〉을 만들면서 캐스팅의 첫 번째 요건은 대사를 손안에 갖고 놀듯 능수능란하게 잘 다룰 줄 아는 배우가 필요했다.

발성과 발음, 말 그대로 딕션, 사전적 의미로 말씨, 어조가 정확하고 유창성을 두루 갖춘 배우여야 했는데 대한민국에서 딕션 깨끗하기로 둘째가라면 서운해할 연기자가 바로 장영남 배우다.

장영남 배우와 리딩을 했을 때 맑고 깨끗하고 딱딱 떨어지는 대사 구사력을 보고 역시 명성 그대로다 하면서 천군만마를 얻은 듯한 기분이 들었다.

장면 중에 장영남 배우가 연기한 백회장이 잔뜩 필받은 김열 감독의 기를 완전 묵사발로 만들어버리는 장면이 있다. 엄청나게 긴 대사를 속사포처럼 터트려야 했고 템포를 놓치지 않으면서 다른 이의 호흡이 들어올 틈새 없이 계속 치고 나가야 하며 메인 타깃인 김열 감독뿐 아니라 여기저기 산개해 있는 스태프와 배우를 향해 전방위적으로 히스테리를 쏟아내야 해서 템포, 에너지, 타이밍, 히스테리의 질감과 뉘앙스의 모든 것이 완벽한 조율을 이뤄야 하고 살짝 처지거나 발음 하나가 뭉툭하게 들리거나 뉘앙스가 안 살거나 반 템포만 늘어져도 그 맛이 죽어버리는 그야말로 긴 대사의 호흡을 완벽하게 장악해야 하는 아주 고난도의 연기를 해야 했는데 그녀가 앵글 안에 딱 등장하자 난 그냥 얼어붙듯 보고 있었다. 정말 완벽한 백회장의 시간이었고 타의 추종을 불허하는 장영남의 시간이었다.

얼마나 리듬을 잘 살리고 맛깔나게 대사를 치는지 나는 순간 랩을 듣고 있는 것 같았다. 컷! 오케이! 사인이 떨어지자마자 모든 배우와 스태프들이 모두 한마음이 되어 우레와 같은 박수를 쳤던 것 같다.

촬영 중 세트장에서 장영남 배우가 김부장역의 김민재 배우에게 "자신이 이 현장에 있는 게 믿기지 않고 너무나 행복하다"라는 말을 했다고 어디선가 들었다.

나는 장영남 배우가 이 현장에 있었다는 게 믿기지 않고 너무나 자랑스럽다.

배우의 방

"〈거미집〉은 1970년대
검열의 시대에 영화 현장에서
벌어지는 웃기고 슬픈
이야기예요."

"안녕하세요,
'김감독' 송강호입니다."

"영화 속이지만 드디어 감독 한번
해보는구나 싶었죠."

"배우들의 연기를 지켜보는 즐거움이
아주 좋았습니다. 지켜만 보면 되니까,
제가 하는 게 아니니까."

영화로써 자신을 증명하고 싶은
감독 '김열'

'김열'은 외롭다.
비평가들의 무심한 악평,
모순된 시대의 검열,
스승인 '신감독'의 그늘,
이 모든 속박에서 자유로워지고자 발버둥 치는
'김감독'의 내면은 그가 지휘하는 영화 현장만큼이나 어지럽다.

'김감독'은 어떤 인물인가요?

"제가 맡은 인물은 극의 중심에 서 있는 영화감독 '김감독'입니다. '김감독'이라는 인물은 지금은 돌아가셨지만, 영화계 거장인 '신감독'의 제자예요. 나름대로 입봉도 하고, 상도 받은 감독이지만, 스승의 그림자를 벗어나지 못했다는 자괴감에 빠져 있습니다. 그래서 지금 찍고 있는 이 영화를 정말 자기가 원했던, 만들고 싶은 방향대로 다시 찍고 싶은 열망이 강해요. 결국 용기를 내어 현장에 와서 많은 사람들을 설득하고, 때로는 어려움을 겪고, 그 과정을 거치면서 영화를 찍어나가는 그런 역할입니다."

현장에서 기억에 남는 에피소드나 추억이 있으신가요?
특히 〈거미집〉은 한 장소에서 계속 촬영하다 보니
재밌는 일이 많았을 것 같아요.

"영화가 거의 대부분 세트장에서 벌어지는 일들이기 때문에 모두가 동고동락하면서 차곡차곡 촬영을 했던 것 같아요. 배우로서 연기를 하다 보면 장소나 상대 배역을 바꿔가며 촬영을 하게 되죠. 그런데 〈거미집〉은 모두 모여서 호흡을 맞추고, 또 모두 모여서 서로의 연기를 볼 수밖에 없는 정말 유일무이한 현장이었어요. 물론 연기를 할 때는 몸도 힘들고 마음도 힘든 여러 어려움이 있지만, 그런 것들을 다 상쇄할 만한 '연기의 맛'을 느끼는 작품이 아니었나 싶어요. 아마 같은 질문을 다른 배우분들에게 해도 똑같은 대답이 돌아올 거예요. 왜냐면 똑같이 느꼈으니까요.

특정 배우에게 스포트라이트가 쏟아지고, 다른 배우는 상대적으로 색깔이 없는 그런 영화가 아니라 수많은 배우들이 다 각자의 색깔과 매력이 있는 그런 다채로운 영화가 될 것 같아요. 촬영이 끝난 상태에서 되돌아보면 이 뛰어난 배우들이 각자의 능력을 100퍼센트가 아니라 120퍼센트 발휘했던 것 같아요. 그래서 너무 좋았습니다."

'김감독'이 찍고 싶어 하는 쁠랑세깡스는 대체 뭔가요?

"저도 이번에 영화를 찍으면서 '쁠랑세깡스'를 처음 알게 되었어요. 쉽게 이야기하면 롱테이크예요. 롱테이크의 불어식 표현이 '쁠랑세깡스'인데요, 촬영을 끊지 않고 끝까지 찍는 기법이죠. 사실 지금이야 익숙한 방식인데, 1970년대 초반 같은 경우에는 이런 촬영 기법은 엄두도 못 내죠. 그러다 보니까 '쁠랑세깡스'로 영화를 찍는다는 건 극 중 '김감독'의 야심이자, 히든카드이자, 마지막 승부수인 셈이죠. 인물의 욕망과 더불어 마지막에 '쁠랑세깡스'를 찍기 위해 모든 것이 동원되다 보니 벌어질 수밖에 없는 아수라장, 풍경 이런 것들이 너무 재밌고 아주 볼만한 장면이 된 것 같습니다."

'김감독'을 어떻게 해석하셨나요? 특별히 영화를 위해 준비하신 게 있으신가요?

"영화감독 역할이 처음인 데다 우리 시대 영화감독도 아니잖아요. 50년 전의 예술가라니…. 그 당시에 예술가였다면 낭만도, 야심도, 지금과는 다른 순수한 열정이 똘똘 뭉쳐 있을 거라 생각했어요. 또, 아까 말했듯 스승의 그림자에서 벗어나지 못했다는 자괴감, 자신의 재능에 확신이 없는 역할이라고 이해하고 연기했어요. 아무래도 김지운 감독님이 감독으로서의 욕망, 고뇌, 어려움, 환희 이런 여러 가지 감정들을 다 겪어본 분이시기 때문에 디테일하고 섬세한 감정들은 저한테 많이 도움이 됐죠. 저는 영화감독의 전형적인 모습을 상상하다가, 감독님께서 경험에서 우러나온 이야기들을 들려주셨을 때 굉장히 큰 도움이 됐습니다.

1960년대, 1970년대 한국 영화를 기회가 될 때마다 보기도 했고, 또 우연히 접하기도 했죠. 많이 본 건 아니지만, 뭐랄까 참 그때는 순수한 열정이 가득했던 시기가 아니었나 싶습니다. 지금보다 훨씬 영화 현장에 제약이 많았을 거고, 열악했을 거 아니에요. 그럼에도 불구하고 좋은 장면이나 연기를 뽑아내고 만들기 위해서 애쓰고 하는 것들이 지금의 시각에서는 약간 웃기지만 당시에는 절박하고 절실했을 거란 말이죠. 저도 이런 것들을 생각하면서 연기에 임하지 않았나 하는 생각이 듭니다."

김지운 감독과 하는 다섯 번째 작업입니다.
특별한 소감의 말씀 남겨주신다면요?

"김지운 감독님하고 다른 작품을 할 때도, 감독으로서 고민의 시간이 길겠구나 싶었지만, 감독 역할을 하다 보니까 김지운 감독님의 어려움과 고민들이 참 체감이 많이 됐죠. 감독님 작품이 똑같은 게 없잖아요. 연출의 변주 능력을 다시 한번 느끼게 됐고, 김지운 감독님을 다시 한번 보게 되는 계기가 됐어요. 놀라운 감독님이세요.

23년 전에 촬영한 김지운 감독님의 영화 〈반칙왕〉은 저도 그렇고 많은 팬분들이 한국 코미디 영화에서 독보적인 위치를 점하고 있다고 생각할 텐데요. 감독님이 가지고 있는 유머 감각, 코미디 장르를 만들어나가는 호흡, 뉘앙스 같은 것들이 굉장히 독특해요. 그런 점에서 〈거미집〉이 사실은 〈반칙왕〉을 뛰어넘는 또 다른 블랙코미디 영화라고 할 수 있죠. 제가 맡은 '김감독'이라는 인물을 통해서도 웃음을 주되, 휘발성이 강한 웃음이 아니라 페이소스가 있는 웃음을 만들어내고 또 그걸 추구하죠."

임수정 배우와의 호흡은?

"수정 씨는 너무나 잘 알고 있는 뛰어난 배우죠. 수정 씨도 그렇고 저도 그렇고 한 십 몇 년 전부터 노력을 많이 했어요. 같이 작품을 해보려고요. 그런데 어떻게 하다 보니까 순식간에 십몇 년이 지나버린 거죠. 수정 씨한테 물어봐도 수정 씨도 십몇 년 전부터 사석에서 송강호 선배님하고 같이 작품한다고, 할 거라고, 하고 싶다고 얘기하고 다녔다고 저한테 얘기하고 그래요. 그렇게 노력을 많이 했는데도, 참 이게 인연이란 게, 그로부터 십몇 년이 지난 뒤에야 이렇게 만나게 되었어요.

수정 씨는 김지운 감독님의 영화 〈장화, 홍련〉 때부터 현장에서 봐왔던 후배고, 제가 너무 좋아하는 배우라서 정말 반가웠어요. 같이 연기해서 좋았어요."

오정세 배우와의 호흡은?

"오정세 배우는 TV 드라마와 영화를 보면서 너무너무 좋아하고 정말 꼭 한번 같이 연기하고 싶었던 후배 배우였어요. 제가 존경하고 좋아하는 배우와 같이 연기를 하게 되어서 너무너무 신이 났습니다."

장영남 배우와의 호흡은?

"장영남 배우와는 아주 오래전에 〈푸른 소금〉이라는 영화에서 잠시 호흡을 맞췄던 경험이 있어요. 너무나 짧은 신이었기 때문에, 연기를 하고 나서 무척 아쉬운 마음이 들었습니다. 다행히 이번에는 제대로 '김감독'과 '백회장'이 맞붙는 장면이 많았어요. 이 놀라운 배우를 다시 한번 확인할 수 있는 시간이었습니다."

정수정 배우와의 호흡은?

"정수정 씨는 이번 작품을 통해 처음 봤어요. 〈애비규환〉이라는 저예산 영화를 봤는데 너무 잘하는 거예요. 그래서 '어, 저 배우가 누구지?' 했는데 알고 보니 가수 출신이고, 그런데 너무너무 오래전부터 연기를 해온 것 같은, 감각이 굉장히 뛰어났어요. 연기자로서의 재능이랄까. 아마 〈거미집〉을 보면 다들 깜짝 놀랄 거예요. '저 배우가 도대체 누구야?' 할 정도로 너무 잘해줘서. 모든 배우들이 다 훌륭한 배우지만 정수정 배우에겐 이제 드디어 많은 관객에게 본인의 존재를 알리는 그런 아주 결정적인 작품이 될 것 같아요. 앞으로 훌륭한 한국의 배우로서 훌륭하게 자리매김할 것 같아요."

박정수 배우와의 호흡은?

"박정수 선생님은 어릴 때부터 늘 텔레비전에서, 드라마를 통해 많이 뵈어왔죠. 그래서 더 긴장되었어요. 제게는 박정수 선생님이 조금 깐깐한 이미지라 현장에서 막 야단치시고 하면 어쩌나 긴장도 하고 그랬는데 실제로 뵈니 너무너무 재밌으시고, 후배들을 위해서 배려도 많이 해주셨어요. 그리고 현장의 분위기 메이커세요. 깜짝 놀랐어요. 너무너무 온화하시고 연기도 너무 재밌으시고. 그래서 선생님과 함께 아주 너무너무 기분 좋은 경험들을 많이 했어요."

전여빈 배우와의 호흡은?

"전여빈 배우는 어떤 연기가 나올까 항상 궁금하고, 에너지가 굉장히 변화무쌍한 배우예요. 〈거미집〉에서는 TV 드라마나 영화에서 보여준 연기와는 또 다른 모습이었죠. 그래서 전여빈 배우가 앞으로 어떤 연기자가 될지 진짜 궁금해요. 아마 놀라운 연기자가 되지 않을까요. 〈거미집〉에서도 하필 또 저랑 처음부터 끝까지 같이 가는 동반자 아닌 동반자가 되었죠. 저를 도와주는 역할인데, 알고 보면 저를 방해하는 역할 같기도 하고요(웃음). 아주 재미나게 찍었던 것 같습니다."

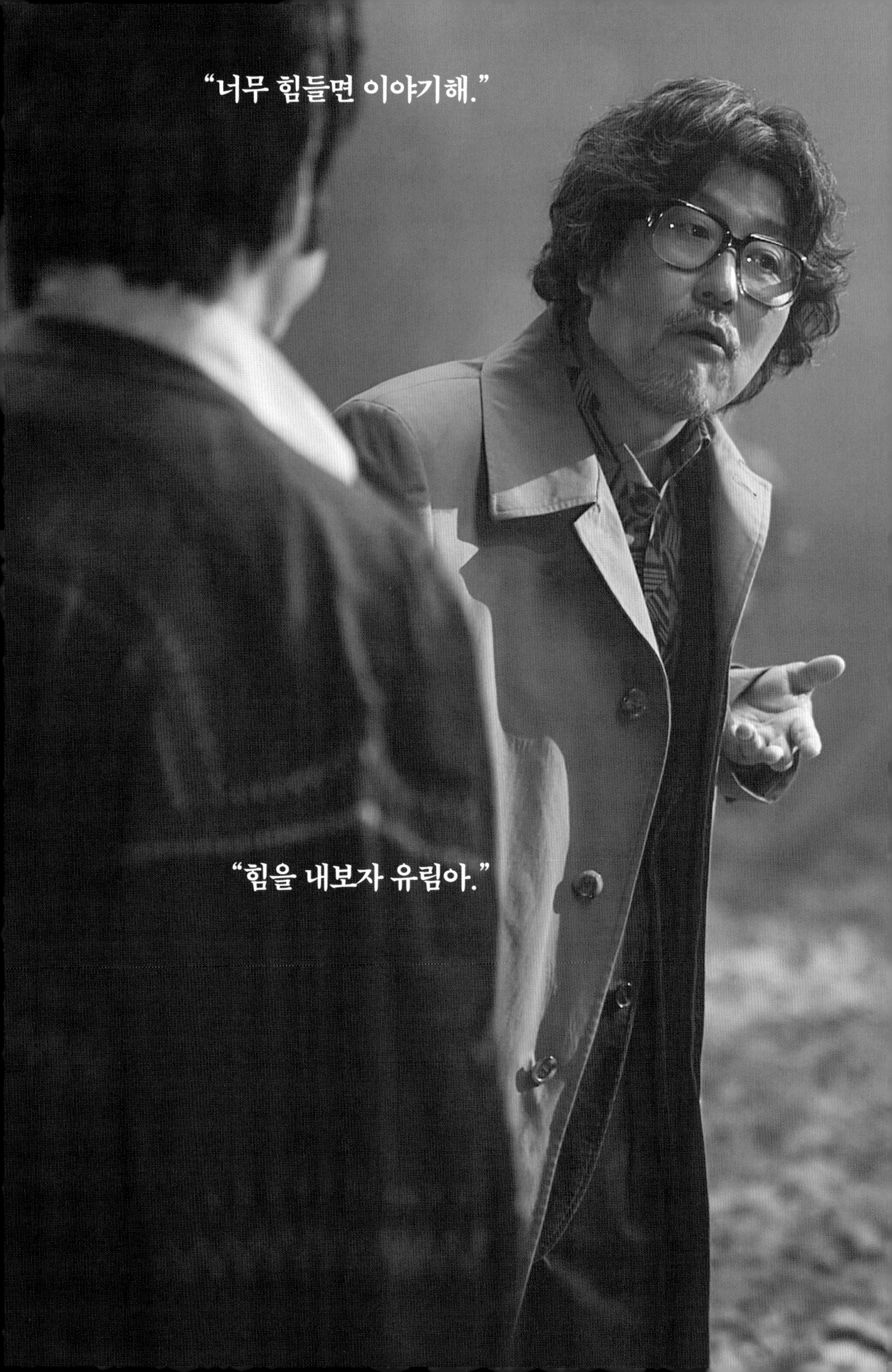
"너무 힘들면 이야기해."
"힘을 내보자 유림아."

"저 너무 힘들어요.
아까부터 힘들었어요.
힘들다고 계속 이야기했어요."

"다시 찍지 않으면 영원히 이 고통에서 벗어날 수가 없어.
그대로 찍으면 틀림없이 걸작이 된다."

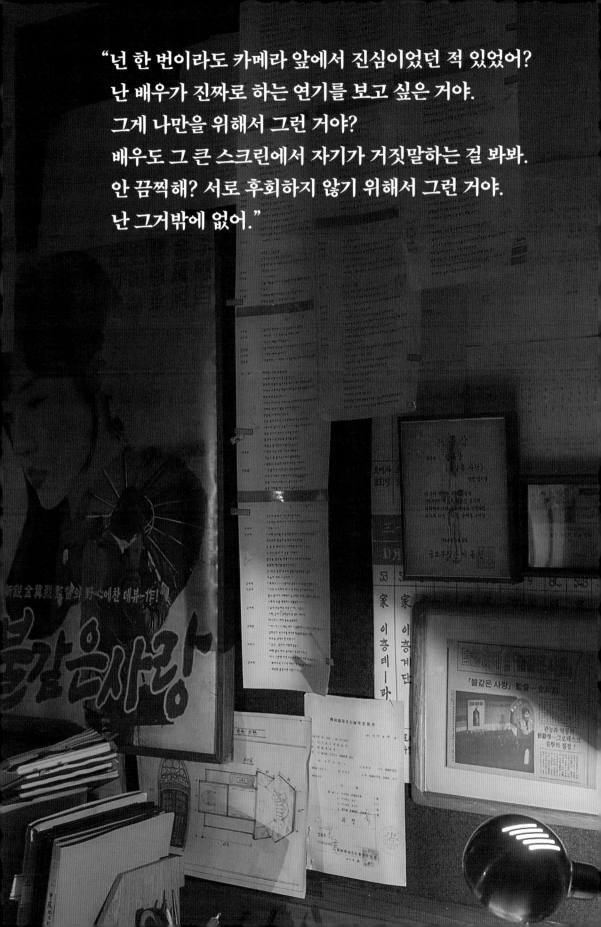

"넌 한 번이라도 카메라 앞에서 진심이었던 적 있었어?
난 배우가 진짜로 하는 연기를 보고 싶은 거야.
그게 나만을 위해서 그런 거야?
배우도 그 큰 스크린에서 자기가 거짓말하는 걸 봐봐.
안 끔찍해? 서로 후회하지 않기 위해서 그런 거야.
난 그거밖에 없어."

"시나리오의 첫인상은 어땠나요"

"우리가 늘 생각하고 늘 봐왔던 드라마투르기의 형식을 띤 대본이 아니라 뭔가 새롭고, 새로움이 주는 어떤 희열이랄까? 영화 작품으로서의 어떤 독창성이랄까? 그것을 실현시키기 위해서 노력도 굉장히 많이 해야 하고, 또 앙상블도 좋아야 하고, 여러 가지 어려운 점이 분명히 있었지만, 그런 것들이 너무 매력적으로 와닿았어요. 그러니까 독창적이고 창의적인 어떤 작품을 시나리오에서 발견했던 거죠. 〈거미집〉이 가지고 있는 가장 큰 미덕이자 🕷 매력은 우리가 지금까지 봐왔던 한국 영화와는 조금 다르고, 신선한 어떤 웃음과 여러 가지 감정을 느낄 수 있는 영화라는 거예요. 그래서 관객분들이 "글쎄요, 이상한 영화인데 너무 재밌더라고요" 하는, 또는 "굉장히 매력적이고 연기자들의 연기가 너무너무 재밌더라" 하는 영화가 되었으면 해요. 꼭 그렇게 관객들에게 전달이 되기를 바랍니다."

"지금까지의 작품들과 달랐던 점이 있다면요?"

"제가 맡은 '김감독'은 모든 인물을 순차적으로 만나는 역할이에요. 그러니까 〈기생충〉하고는 좀 다른 앙상블 연기죠. 〈기생충〉은 한꺼번에 만나고, 한꺼번에 어떤 장면을 연기했다면, 〈거미집〉은 '김부장'을 만났다가 제작자를 만났다가 배우를 만났다가, 여러 인물들을 순차적으로 만나고, 그 순차적인 만남에서 또 다른 사건과 또 역학 관계들이 입체적으로 다가오면서, 어떤 즐거움과 역동성이랄까, 인물의 어떤 감정의 역동성이 막 살아나는 앙상블 연기였던 것 같아요. 그래서 관객분들이 보시면 배우들을 바라보는 재미? 그리고 배우들이 가지고 있는 각자의 재능을 어떤 뉘앙스로 녹여냈는지를 관찰하는 재미가 아주 솔솔할 것 같아요."

"〈거미집〉은 영화에 대한 영화이기도 해요.
연기하면서 어떤 점이 재밌으셨어요?"

"영화 속이지만 감독을 한번 해보는구나(웃음). 그래서 좀 기분이
좋았어요. 레디, 고! 막 이러는 것도요. 메가폰도 들어보고. 배우들의
연기를 지켜보는 즐거움이 아주 좋았습니다. 왜냐하면 지켜만
보면 되니까요(웃음). 제가 하는 게 아니니까. 이게 감독들의 또
다른 즐거움인걸? 하는 생각도 좀 하면서, 하여튼 여러 가지로
재밌었어요."

"'신감독' 역으로 정우성 배우가 특별 출연 해주셨는데요?"

"〈놈놈놈〉 배우분들께 감사합니다. 〈밀정〉 때는 이병헌 씨가 카메오로 작품을 빛내주셨다면, 〈거미집〉에는 정우성 씨가 열연해 주셨죠."

"관객분들에게 한 말씀 해주신다면요?"

"한국 영화에서는 보기 드문 앙상블 연기, 영화적인 체험이 만개한 영화가 되리라 감히 생각합니다."

"촬영 막바지쯤에 세트장 앞에 있는
조그마한 정자에서 장영남 배우와 전여빈 배우와
아이스크림을 먹었던 적이 있어요.
도란도란 이런저런 이야기를 하는데,
〈거미집〉 촬영이 너무 좋았고 행복했다고 말해주더라고요."

"⟨거미집⟩은요, 정말 대단한
배우들이 나와서
연기의 향연을 펼쳐나가는
영화입니다.

도대체 이 영화가 어디로 가고
있는지, 영화를 만드는 이들은
과연 어떻게 될지,
어떤 결말로 끝날지
궁금하실 거예요.
　　　관객분들은 〈거미집〉 안으로
반드시 빠지게 될 겁니다."

"안녕하세요,
베테랑 배우 '이민자'
임수정입니다."

이제야 내 실체가 드러나겠구나

반가웠어요."

"'이민자'는 나다!
욕망덩어리,

베테랑 배우 '이민자'

극중극 〈거미집〉의 주인공이자,
바뀐 결말의 중심에 있는
잘나가는 배우.

스태프들은 정신이 없고,
감독은 현실성이 없고,
동료 배우들은 현장에 예의가 없다.

어수선한 상황 속에서 중심을 지키는
'이민자'는 한번 보면 프로 같고,
다시 보면 태풍의 눈 같다.

'이민자'는 어떤 인물인가요?

"제가 연기한 '이민자'라는 배우는 모든 일에 무심해요. 매사에 크게 기뻐하지도 않고, 크게 싫어하지도 않아요. 다른 배우들과 달리 현장에서 일어나는 상황에 크게 동요하지 않죠. 그런데 자기 연기에 대해서는 되게 자부심을 갖고 프로다운 면이 있어요. 제가 지금까지 연기했던 감정이 풍부하거나 표현이 많은 캐릭터와는 달라서 엄청 끌렸던 것 같아요."

'이민자'를 연기하며 어려웠던 점은?

"영화 속에서 영화를 찍는 소동극이다 보니까 극 중에서 연기를 하는 배우 역을 제가 또 연기해야 하는 거예요. 그러니까 이중으로 연기를 해야 하는 거죠. 그래서 그 점이 되게 신선하게 다가왔어요. 영화 속의 연기를 해야 하고, '김감독'의 '컷' 이후의 상황도 연기해야 하는 거죠. 처음에는 그 부분이 좀 낯설어서 고민이 있었던 것도 사실이에요. 그런데 워낙 김지운 감독님께서 이 신에서 어떠한 것이 나와야 하는지, 어떤 연기가 필요한지에 대한 정확한 디렉션을 가지고 계셔서 연기를 표현하는 건 어렵지 않게 했던 것 같아요. 사실 배우들과 합을 맞춰보면서 원래 시나리오보다 더 다양하고, 더 과잉되고, 더 에너지 넘치는 상황이 연출되었는데요. 훨씬 재밌게 잘 나온 것 같아요.

김지운 감독님께서 극중극 〈거미집〉에 나오는 배우 같은 경우에는 그 시대 톤으로 연기를 해주었으면 좋겠다는 말씀이 있으셔서 그 부분에 대해서는 연습을 했어요. 근데 처음에는 너무 어색한 거예요(웃음). 차차 하다 보니까 몸에 익어서 그 당시 톤으로 자연스럽게, 그러니까 과잉되게 연기할 수 있었던 것 같아요. 그리고 무엇보다 흑백영화 속에 제 얼굴이 나오는 건 배우로서 정말 귀한 기회라고 생각했어요."

여태까지 임수정 배우가 연기했던 캐릭터들보다
'이민자'는 훨씬 강렬한 것 같아요.

"'김감독'이 결말을 바꾸겠다고 결심하기 전의 '이민자'는 그 시대에서 볼 수 있는 전형적인 여성상 이었다가, '김감독'이 결말을 바꾸겠다고 선언하면서 다시 쓰여진 시나리오에서는 신여성으로 변하게 돼요. 그러면서 성격과 더불어 말투, 분장, 헤어 등 외향적인 부분이 한 세 단계에 걸쳐서 극대화되죠. 그래서 헤어나 메이크업 부분에서 변화를 많이 줬고요(웃음). 강렬한 눈매를 위해서 눈썹을 바꾼다든지, 헤어도 과잉되게 바꾼다든지 하는 변화가 있어요. 저는 이렇게까지 강렬한 헤어, 메이크업, 의상을 경험해 본 적이 없다 보니까 정말 새로운 기회였던 것 같아요."

김지운 감독님과 오랜만에 다시 작업을 하셨는데요, 작업 소감이 궁금합니다.

"20년 만에 김지운 감독님 작품에 참여할 수 있게 되어 정말 영광이에요. 〈장화, 홍련〉은 저한테 정말 특별한 영화거든요. 제가 배우로서 아주 크게 성장할 수 있게 해줬던 너무나도 특별한 영화이기 때문에, 감독님과 다시 작업할 수 있다는 건 정말 너무너무 기쁜 일이었어요. 그래서 처음에 감독님께서 제안을 주셨을 때 너무 감사했어요. 역시나 작업을 하는 이 모든 과정이 재밌었던 건 말할 필요도 없겠지요."

송강호 배우와의 호흡은?

"송강호 선배님과의 작업은 후배 배우로서 정말 고대하던 만남이죠. 극 중에서 감독과 배우로 연기할 수 있게 돼서 정말 기뻤고요. 앙상블을 보여주는 장면이 많아서 송강호 선배님과 단독으로 연기할 수 있는 신이 많지는 않았어요. 그렇지만 그래도 한 신, 한 신이 다 너무 좋은 연기 호흡으로 기억됩니다. 또 작업하고 싶어요, 강호 선배님과."

오정세 배우와의 호흡은?

"이 작품에서 처음 만났는데요. 워낙 연기 잘하시잖아요. 말해 뭐 해요(웃음). 오정세 배우가 현장에서 제일 아이디어가 많았어요, 애드리브도 상황에 맞게 적절하게 잘해줬고요. 그래서 신을 정말 더 매력적으로 변모시켜 줬죠. 근데 너무 재밌는 건 극 중에서 '강호세'와 '이민자' 사이가 안 좋거든요(웃음). 사이가 안 좋은 연기를 하려고 저희가 좀 급격하게 친해졌어요. 잊지 못할 것 같아요.

막 현장에서 '나 아직 할 말 많아. 저리 가 호세 씨, 내가 할 건데 왜 여기 와 있어' 매번 이러거든요(웃음). 자기한테만 집중되길 바라는 캐릭터 둘이 만나서 너무 재밌었어요. 호흡이 너무 좋았죠."

정수정 배우와의 호흡은?

"다른 작품에서 눈여겨보고, 언젠가는 함께 작업을 해봤으면 좋겠다고 생각한 친구인데요. 이 작품에서 심지어 극 중 영화에서 배우 대 배우로 붙어서 나오다 보니까 진짜 반가웠던 것 같아요. 호흡도 잘 맞았고 함께 나오는 모든 신을 즐겁게 찍었던 것 같아요. 연기 잘해요, 너무 연기 잘해요. 앞으로도 좋은 연기를 보여줄 수 있는 후배인 것 같아요."

박정수 배우와의 호흡은?

"극 중 '오여사'와 '이민자'는 시어머니와 며느리이기 때문에 사이가 별로 좋지 않아요. 근데 박정수 선생님은 현장에서 어른이자 엄마처럼 스태프분들 하나하나 엄청 챙겨주셨어요. 모니터 앞에서 선생님이 무슨 말만 꺼내면 모두가 다 웃었는데요, 정말 현장 분위기를 제일 많이 만들어주시는 역할을 하셨어요."

"당신은 아직도 내가

당신 아들의 부속품으로 보이지?"

"당신 집안은 늘 그런 식으로
여자들을 쓰다가 버리잖아?"

"넌 이 결말이 이해되니?"

"이상하긴 한데…
바꾸기 전 결말도
좋진 않았어요."

"잠깐 너 연애하니? 연애하는구나?"

"여배우들의 삶이란
왜 이렇게 힘든 걸까요?"

"우리나라만 그래.
할리우드랑 구라파는 안 그래.
무슨 일인진 모르겠지만
이왕 하는 거면 후회 없이 해.
사랑이 깨지면 후회되는 건
그것밖에 없어. 다 못 준 거."

"특별히 기억에 남는 장면이 있다면요?"

"극 중 영화 마지막 부분에서 '이민자'가 비를 맞고 밖에 있다가
'강호세'와 시어머니 '오여사' 둘이서 얘기를 하고 있는 순간에
들이닥치죠. 무기를 들고 위협을 하면서요. 그런데 그때의
'이민자'의 연기도 굉장히 강렬했지만, '강호세'와 '오여사'와
셋이서 주거니 받거니 하면서 연기가 더 과잉되게 폭발했어요.
굉장히 새로운 연기였던 것 같아요. 내추럴한 연기가 전혀 없고,
표정도 그렇고, 말투도 그렇고, 모든 것들이 굉장히 강렬하게 표현이
되는 걸 감독님이 원하셨어요. 목소리도 더 컸으면 좋겠고, 감정도
더 올라왔으면 좋겠고, 표현도 더 과잉됐으면 좋겠고. 이렇게
극적으로 굉장히 위를 향해서 가는 연기를 세 배우가 같이 했는데
그 신이 연기하면서도 재밌었고, 모니터로 보면서도 진짜 많이
웃었거든요(웃음). 재밌게 잘 나왔어요."

"〈거미집〉은 모든 세트가 다 아름다웠지만,
그중에서도 애정이 가는 세트가 있었을 것 같아요"

"아무래도 나선형 계단과 거실 세트가 제일 마음에 들었어요. 컬러의
대비에서 오는 강렬한 아름다움이 있더라고요. 그런데 극중극 영화
때문에 흑백으로만 담길 수밖에 없어서 아쉬운 마음이 들었죠. 그
정도로 미술적인 세트였어요."

"마치 연극 한 편을 연습해서 올리는 것처럼, 항상 거의 모든 신에 전체 배우들이 나와 합을 맞추며 최고의 앙상블을 보여줘야 하는 신들이 계속 있다 보니까, 좀 더 배우들끼리 끈끈해졌다고 할까요? 리허설도 많이 하고 연습도 많이 하고 그랬어요. 물론 저는 연극이나 무대 연기에 대한 경험은 없지만, 그런 부분이 다른 영화 작업과는 좀 차별화된 현장이었어요."

"거의 모든 신에 전체 배우들이 나와서
합을 맞춰야 하다 보니까,
마치 한 편의 연극을 무대에 올리듯이 배우들끼리
좀 더 끈끈해졌다고 할까요?
그래서 다른 영화 작업보다 각별하고
차별화된 현장이었던 것 같아요."

〈거미집〉: 거미집? 뭐지? 어떤 영화일까? 궁금해 미치겠어!

이민자: 이민자? 캐릭터 이름이 이민자야. 너무 마음에 들어! 하하.

그렇게 제목부터 독보적인 영화 〈거미집〉에 저는 첫눈에 반했습니다.
제가 연기한 이민자는 영화 속 영화인 〈거미집〉, 흑백 화면이 주요 무대가
됩니다. 1970년대 한국 사회 고유의 가부장적인 가족 문화 안에서 점차
자신의 욕망을 마주하고 그것을 드러내기를 원해요. 그리고 욕망을
이루기 위해서 주체적이고 은밀하게 계획하고 행동합니다. 결국은
모두를, 물론 자기 자신까지도 파멸로 몰아가는 여성인데…

정말 멋지지 않나요?

영화 속 영화 〈거미집〉은 공포와 긴장감을 높이고 유혈이 낭자한
액션으로 관객을 사로잡습니다. 또한 흑백 화면에서 느껴지는
깊이감으로 이민자는 등장만으로도 신비하고 미스터리할 수 있었어요.
최고의 캐릭터죠!

영화 〈거미집〉 1주년을 축하합니다!
- '이민자' ♡ '임수정'

이민자를 연기하면서 저는 직감했습니다. '아… 나의 배우 인생에서 새로운 챕터가 시작되고 있구나! 앞으로 내가 연기할 역할들이 확장되고 있어. 이민자가 그 출발점이야.'

시대상을 반영하는 순종적인 모습에서부터 흑화한 얼굴까지 하나의 작품 속에서 캐릭터가 보여주는 에너지 증폭이 이렇게 크고 다양할 수 있다니! 저는 참 운이 좋은 배우입니다.

즐거웠습니다. 이민자를 연기하며 느꼈던 모든 순간은 저에게 큰 기쁨과 도전이었어요. 영화 〈거미집〉과 '이민자'를 통해 제가 느낀 이 짜릿함의 여정을 여러분과 함께 오래도록 기억하고 싶습니다. 감사합니다.

"〈거미집〉은 특이한 영화입니다.
〈거미집〉은 재미있는
영화입니다.

〈거미집〉은 기대되는
영화입니다.
　　저한테 〈거미집〉은 그런
　　영화입니다."

"안녕하세요,
바람둥이 톱스타 '강호세'
오정세입니다."

"김지운 감독님이 왜
'호세' 역에 저를 캐스팅했는지가

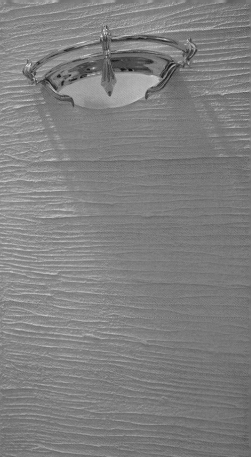

풀리지 않는 수수께끼예요.”

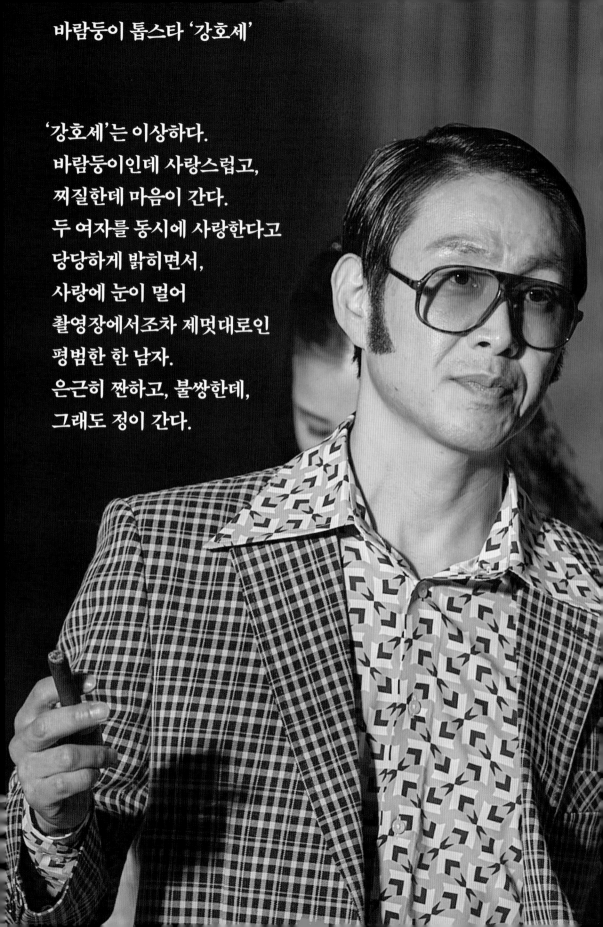

바람둥이 톱스타 '강호세'

'강호세'는 이상하다.
바람둥이인데 사랑스럽고,
찌질한데 마음이 간다.
두 여자를 동시에 사랑한다고
당당하게 밝히면서,
사랑에 눈이 멀어
촬영장에서조차 제멋대로인
평범한 한 남자.
은근히 짠하고, 불쌍한데,
그래도 정이 간다.

'강호세'는 어떤 인물인가요?

"처음 제가 읽었을 때는 악역이었고, 나쁜 사람이었고, 미운 사람이었어요. 저한테는 이 인물을 더 밉게 더 악역처럼 그려야 할지, 아니면 악역이지만 마지막에는 관객들에게 어떤 시원함을 전달해 주는 인물로 그려야 할지, 아니면 처음부터 관객과 같이 호흡하며 마음을 열 수 있는 인물로 그려야 할지가 가장 큰 숙제였어요. 그런데 김지운 감독님과 얘기를 나누다 보니까, 후자 쪽으로 '강호세'란 인물을 조금씩 만들어가게 되었습니다."

"극 중 '호세', 영화 속에서 영화를 찍는 '호세'의 톤을 잡는 데 고민이 조금 되었어요. 예전 드라마나 영화에서 나오는 그 시대의 톤도 구현해야 했고요. 지금 연기 톤이랑 매우 다른 연기 톤을 구사하는데 지금에 와서 보면 되게 이상한 연기들, 되게 잘 못하는 연기 톤이 저는 오히려 매력이 있었어요. 옛날 70년대 연기 톤 중에서도 되게 연기를 못하는 톤이 너무 재밌겠다, 라고 느껴서 그 톤을 가져오고 싶었는데, 아무리 연습을 해보고 구현을 해보려 해도 그 톤이 안 나오더라고요. 그냥 못하기만 했죠. 볼 때는 못해서 재밌었는데, 제가 구현하니까 못하기만 하는 것 같아서 결국 그 톤을 포기하고, 70년대 영화를 보면서 '호세'만의 톤을 구현했어요. 재밌는 경험이었습니다."

김지운 감독과의 첫 작업 소감은?

"저는 감독님하고 작업을 하면서 좋았던 게, 감독님이 정확한 그림이 있으셨고, 그런 것들을 주문하면서도 제가 못 푼 숙제들에 대해서는 라인을 잡아주셨어요. 새로운 아이디어라든지 호흡이라든지, 새로운 생각들을 공유하면, 그것에 대해서도 자유롭게 열어주시고, 반응해 주셨어요. 조금 결이 다르다 싶으면 다른 아이디어를 역으로 제안해 주시기도 하셨어요. 정확한 그림과 자유로움의 밸런스를 잘 잡아주셔서, 배우로서 잘 놀 수 있는 판을 만들어주셔서 유쾌하게, 재밌게, 편안하게 잘 찍을 수 있었습니다."

송강호 배우와의 호흡은?

"사실 예전에 영화 한 편을 같이 한 적이 있었어요. 그때 저는 단역이라 페이가 엄청 작았는데도 불구하고 송강호 배우님과 함께 연기할 수 있다는 희망만으로도 엄청나게 큰 배부름으로 온 날이었거든요. 선배님은 기억 못 하실 수도 있는데, 그날 현장 감독님한테 '저 친구 어디서 데리고 왔어?'라는 말을 해주셨대요. 그 칭찬이 몇백만 원, 몇천만 원보다 훨씬 값지고 배불렀던 하루였어요. 그런데 이렇게 〈거미집〉에서 긴 호흡으로 선배님이랑 같이 연기를 해서 큰 영광이고, 또 많이 배우기도 했습니다.

카메라 앞에 가기 전에 고민하고 어려워하는 선배님의 모습을 보면서 '아, 내가 봐왔 던 송강호 선배님의 연기가 그냥 나온 게 아니고 저런 고뇌와 힘듦에서 비롯되었구나' 하고 느끼기도 했어요. 어떻게 보면 되게 기본인데 카메라 앞에서 배우가 연기를 할 때, 송강호 선배님은 뒤에서 시선을 맞춰주세요. 저 끝까지 전력 질주로 뛰어가면서까지 이 시선을 잡 아주시더라고요. 기본을 지키는 그런 작은 모습들에서 많은 생각을 할 수 있었고, 여러 가 지를 느끼게 해준 작품이고, 선배님이었습니다."

임수정 배우와의 호흡은?

"제가 언제 임수정 배우와 부부로 연기를 해보겠습니까. 물론 극중극에서의 부부 역할이었지만, 그래도 짧게나마 독특한 설정 안에서 임수정이란 배우와 티격태격하지만 신남으로 가득 찬 연기를 했던 것 같아요. 기분 좋은 추억으로 남아 있습니다."

정수정 배우와의 호흡은?

"정수정 배우에게 당차고, 씩씩하고, 건강한 기운을 받았고, 그런 모습을 배우고 싶다는 생각도 들었어요. 촬영을 하면서 언제부터 정이 쌓였는지 모르겠는데, 마지막 날 실제 남편이 나타나고 실제 남편의 아이와 함께 가정을 꾸리는 모습을 봤을 때 서운한 느낌이 들더라고요. 아 그러면 어느 정도 이 배우랑 정이 잘 쌓이면서 연기 호흡을 맞췄던 게 아닐까 하는 생각이 들었습니다."

박정수 배우와의 호흡은?

"'오여사'님이 없었으면 현장이 되게 심심하고 조용하고, 조금 다운되었을 수도 있어요. 연장자이심에도 불구하고 현장이 너무 긴장되거나 무겁지 않게 항상 농담도 먼저 해주시고 장난도 걸어주시면서 긍정적인 기운을 현장에 넣어주신 것 같아요. 후배들이 편하게 다가갈 수 있는 분위기를 만들어주셔서 너무너무 감사하고, 덕분에 즐겁게 찍을 수 있었습니다."

"감독님,
씨나리오가 너무 가혹합니다."

"넌 사랑이 많아서 참 좋겠다.
그 괴로움을 표현하라고, 카메라 앞에서!"

"가장 좋아하는 김지운 감독 작품은?"

"감독님 영화는 다 좋아하는 것 같아요."

"출연을 결정한 계기는?"

"감독님과 배우들의 앙상블에 대한 기대감이 저를 이 작품으로 끌어당겼습니다."

"〈거미집〉만이 가지고 있는 특징은?"

"예측이 안 되는 영화? 그래서 더 기대되는 영화?"

"제일 마음이 들었던 세트는?"

"제일 싫었던 곳은 비를 계속 맞아야 했던 '거실' 이고, 제일 좋았던 곳은 그 시대로 돌아간 듯한 기분이 들게 해준 '분장실' 입니다."

"'강호세'의 과한 분장에 대한 생각은?"

"첫째 날, 둘째 날, 셋째 날까지는 되게 많이 어색하고 힘들었는데, 지금은 저한테, '호세' 한테 딱 맞는 분장이라고 생각합니다. 과한데 짜쳐 보이지는 않는 느낌이라서 마음에 듭니다."

"재밌었던 장면이나 대사는?"

"배역 '호세' 의 연기 중에서, 일곱 개의 점에 대한 비밀이 밝혀지는데요, 그 신을 배우들과 재미있게 찍었던 것 같아요."

"단역이든 조연이든

그 안에서 저는 한결같이 치열해요.

부족하다는 걸 잘 알기 때문이죠.

아직도 카메라 앞에서, 관객을 마주할 때 '헉' 하고

숨이 막히지만 그런 긴장감이 제겐 원동력이에요."

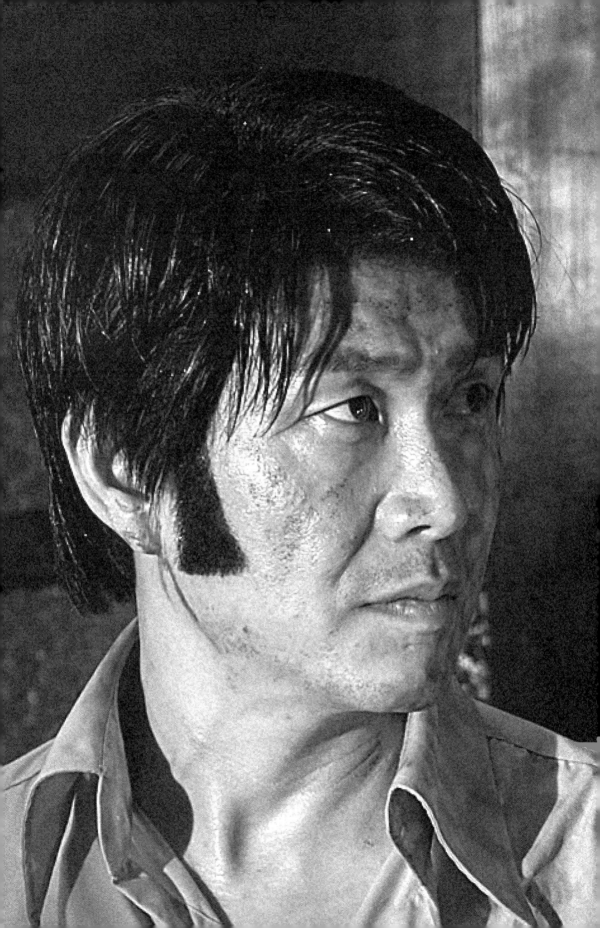

영화 〈거미집〉.

나에겐 영화 같은? 작품이다. 배우라면 누구나 김지운 감독님과 송강호
선배와의 작업을 꿈꿀 것이다. 버티고 버티다 보니 나에게도 꿈같은
기회가 주어졌고 누가 낚아챌까 봐 빠르게 기회를 잡았다.

설렘도 잠시 작품에 민폐만 되지 말자 마음먹고 강호세를 만나러
그 세계로 들어갔다.

비호감? 김열 감독에게 어떻게 방해가 될 것인가?

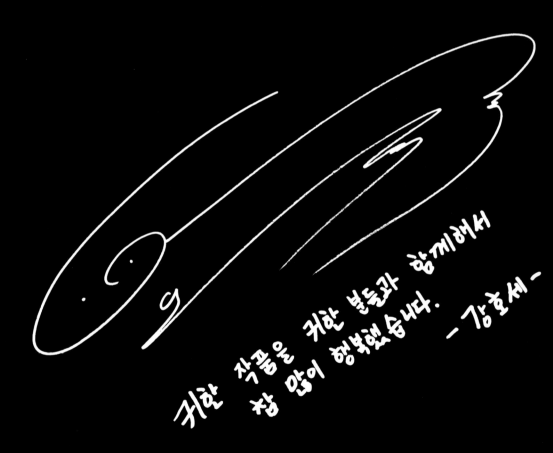

귀한 작품을 귀한 분들과 함께해서
참 많이 행복했습니다.
-강호세-

영화의 전체적인 톤을 봤을 때 비호감보다는 조금은 같이 걸어갈 수 있는 인물로 그려야겠다고 생각했습니다. 〈라이어〉라는 연극을 통해 생각할 수 있었던 바람피우는 한 나쁜 남자가 아닌 두 여자를 진심으로 사랑하는 어리석은 사랑에 빠진 한 인물을 그리고자 했습니다.

그런 호세가 극 안에서 작은 응징(?)과 혼남(?)이 있었으면 하는 바람을 가지고 있었고, 극 후반에 이민자와 유림이가 싸우는 신에서 죽어 있는 호세의 머리를 가격하는 짧은 컷을 통해 짧게나마 표현할 수 있어 기억에 남는 신이기도 합니다.

편집되었지만 임수정 배우와 함께 한 발연기 신과 두 배우의 발 연기가 만나 재미로 승화된 신도 애착 가는 신 중 하나입니다.

중요한 건 꺾이지 않는 마음.

여러 번의 오디션에서도 맺지 못했던 김지운 감독님과의 인연, 그리고 〈우아한 세계〉에서 한 신을 연기했지만 결국 통편집되어 극장에서 볼 수 없었던 단역 배우가 긴 기다림 끝에 즐거운 시나리오와 함께 놀 수 있어서 기억에 참 많이 남는 현장이었습니다.

감독님과의 작업은 영광이었습니다. 놀 수 있게 판을 벌여주셔서 감사합니다. 덕분에 신명 나게 놀 수 있었습니다.

죄송하지만⋯ 한 번만 더 놀고 싶습니다. ㅋㅋ

"〈거미집〉을 처음 읽었을 때
제 감상은요.

제가 정말 만나고 싶었던
영화이자 글,

그리고 제가 꿈꿔왔던
이야기라는 거예요."

"안녕하세요,
신성필름의 상속자
'신미도' 전여빈입니다."

자신의 믿음을 향해 달려가는
호기로운 모습이 굉장히 흥미롭게
느껴졌어요."

"미도는 갈지자 (之)를 휘갈기면서 달리는데 절대 멈추거나 주저하지 않아요.

신성필름의 상속자 '신미도'

거장 '신감독'의 조카이자
신성필름 창립자의 딸인 '미도'는
일본 유학파로 영화 〈거미집〉의
재정 담당을 맡고 있는
귀엽고 사랑스러운
불도저 같은 인물이다.

'미도'는 '김감독'을 도와 〈거미집〉을
불멸의 대작으로 만들 수 있을까?

'신미도'는 어떤 인물인가요?

　'미도'는요, 신성필림의 상속녀이자 〈거미집〉이라는 영화의 재정을 담당하는 친구인데요. 우선 일본 유학파죠. 사실 1970년대 당시에 일본으로 유학을 다녀왔다는 것은 굉장한 금수저층에 속한다고 할 수 있어요. 그런데 또 자기만의 강단과 고집, 그리고 취향이 확고한 사람이에요. 그래서인지 〈거미집〉이 나름의 위기에 봉착했을 때, 누구보다도 '김감독'을 전적으로 믿고 의지하며 후원하는 사람으로 앞장서게 됩니다. 우선 저는 '미도'의 그런 거침없는 모습? 자신이 목표하는 바를 향해서 아주 정확하게 달려가는 모습, 그런데 달려가는 모습이 곧아 보이지는 않을 수도 있어요, 막 갈지자(之)를 휘갈기면서 달리는데 절대 멈추거나 주저하지 않아요. 자신의 믿음을 향해 달려가는 호기로운 모습이 굉장히 흥미롭게 느껴졌어요.

　그리고 사실은 '미도'라는 친구가 흥미로운 만큼 어려웠어요. 근데 그 어려움은 제가 '신미도'라는 캐릭터를 너무 사랑해서, 정말 이 친구를 잘 만나고 싶어서 다가오는 어려움이었던 것 같아요. 저는 〈거미집〉이라는 극 안에서 정말 자유롭게 어울리면 됐어요. 그랬기 때문에 저의 과제는 이 통통 튀는 사람들 속에서 한번 달려보자, 믿고 내 꿈을(웃음), 내 꿈 아니고요, 제 꿈 아니고요, '미도'의 꿈을, '김감독'의 꿈을 펼쳐보자!라는 의지 하나로 자유롭게 연기해 봤습니다."

처음 시나리오를 받았을 때의 감상은 어떠셨어요?

"우선 〈거미집〉을 처음 읽었을 때 감상은, 제가 정말 만나고 싶었던 영화, 그리고 글이었어요. 정말로 꿈꿔왔던 이야기였어요, 정말로요. 그랬기 때문에 전혀 망설임이 없었고요. 〈거미집〉이 굉장히 재미있는 게, 누군가에게는 굉장히 마이너한 얘기가 될 수도 있고, 또 누군가에게는 굉장히 메이저한 이야기가 될 수 있는데 그 경계를 마구 휘감아 치는, 정말 신묘한 매력이 있는 이야기였어요.

그래서 그 안에서 분하게 될 '신미도'라는 친구가 굉장히 매력 있었고, 여기에 나오는 '김감독', 그리고 모든 배우들의 역할이 다 반짝반짝 빛나는 게 글로 느껴졌어요. 그리고 글보다 현장에서 더 빛나는 모습들을 확인했고요. 찍으면서는 오히려 내가 글로만 상상했던 그림이 되게 작은 그림이었구나, 이 세계가 훨씬 더 크게 펼쳐지는 세계였구나, 하는 걸 알게 됐죠."

김지운 감독님과의 작업은 어떠셨어요?

"저는 감독님의 〈장화, 홍련〉을 정말 정말 좋아했어요. 〈달콤한 인생〉도 참 좋아했고, 〈반칙왕〉도 참 좋아했고요. 제가 어떤 영화에 대한 감상이 그리 많지 않았을 때 〈장화, 홍련〉이라는 영화를 보면서 아름다운 동시에 스산하고, 또 내가 이해하지 못하는 깊은 감정들이 숨어 있다고 어렴풋이 느꼈었던 것 같아요. 그러면서 저 안에 사는 사람들은 어떤 생각들을 하고 있을까? 저걸 만들어내는 사람들은 어떤 마음으로 참여하고, 어떤 그림을 그리고 있을까? 그야말로 어렴풋이 희미하게, 희미하게 그렸던 것 같아요.

음, 그동안 〈밀정〉이나 〈인랑〉에서 짧게 감독님을 뵈었지만, 어떤 식으로 작업을 하시는지 체감하기에는 짧은 시간이었던 것 같아요. 이번에 〈거미집〉을 하면서 감독님과 리딩도 참 많이 했고, 그러면서 느꼈던 게 감독님은 연기를 참 잘하는 분이다, 그리고 배우의 호흡과 말맛, 배우가 쓰는 에너지, 발화되는 지점, 그 발화가 가짜인지, 척을 하는지, 누구보다 기민하게 캐치하는 분이라는 생각이 들었어요. '미도'가 어떤 형태로만 보면 그림이 그려지기 쉬운 캐릭터일 수도 있기 때문에 오히려 이 친구일수록 그 진심이 되게 중요했어요. 그러니까 형태만 갖고 있으면 안 돼요. 그래서 제가 어떤 포인트를 놓칠 때마다 감독님이 딱 잡을 수 있게 캐치하는 언어들을 계속 던져주셨어요. 그냥 넘어가지 않으셨고요. 정말 허투루 오케이 내지 않으시고, 정말 퍼즐 하나하나 자수를 하듯이 섬세하게, 아주 섬세하게 작업해 주셨어요. 그래서 작업이 정말 재밌었어요.

힘들기도 했어요. 왜냐면 '나는 됐다' 할 때 감독님은 아닌 순간들도 있었거든요. 그래서 제가 생각했던 '미도'보다 더 재미있고 더… 입체적인 사람으로 그려지지 않았나, 진짜 어딘가에 존재하고 있을 것 같은 그런 살아 있는 사람이 되지 않았나 싶어요."

스태프를 연기하셨는데,
느낌이 좀 어떠셨어요?

"사실은 제가 배우 이전에 스태프 일을, 물론 영화 쪽 일은 아니었지만 연극에서 스태프 일을 해봤던 경험도 있었고요. 그리고 제가 비록 배우이기는 하지만 영화는 정말 공동 작업이잖아요. 배우가 있고, 배우 뒤에서 모든 것을 감싸주시는 '배후'님들, 스태프들이 계셔야 완성되는 예술이잖아요. 그리고 더 나아가서 관객분들까지. 그렇기 때문에 저는 동떨어진 관계라고 생각하지는 않았어요.

근데 하나는 느낄 수 있었어요. 배우건, 스태프건, 정말 작품에 대한 믿음, 그 믿음으로 작품이 완성되는 것이다(웃음).

배우도 자기 역할을 믿지 않으면 길을 잃어버리게 되거든요. 근데 결국 스태프도, 뒤에서 지켜봐 주고 힘을 주는 스태프도 작품에 대한 아주 큰 믿음이 있어야만 작품을 끝까지 달려, 완주할 수 있지 않은가.

사실 저는 '미도'를 연기하면서 배우든 스태프든 결국은 똑같은 것 같다, 라는 생각을 많이 했던 것 같아요. 중간중간 살짝 어떤 불안과 의심이 들 때도 있는데요. 그럴 때일수록 오히려 더 지금, 아주 벌판을 달리는 말처럼 더 거침없이 뛰어드는 힘을 받았던 것 같아요.

어떤 관성을 더 받아서 장애물이 있더라도 '그래? 장애물이 있어? 뚫어버리겠어! 우리 감독님 내가 지켜내겠어! 우리 작품 내가 완성시키겠어!'"

장영남 배우와의 호흡은 어땠나요?

"저희의 합은 너무너무 좋았고요. 그리고 '백회장'의 연기가 정말 기가 막혀요. 선배님은 텍스트 전체를, 인물 관계들을 파악하면서 그 사이에서 말맛을 어떻게 살려야 하는지에 대해서 너무나 잘 아시고 그 경계를 유연하게 표현하는 리듬을 완벽하게 알고 계신다고 느꼈어요. '어떻게 저렇게 표현하시지? 역시 선배님이다.' 그런 생각을 했어요.

또 선배님이랑 저의 첫 촬영이, 서로를 마주하는 장면이었는데요. 제가 사다리를 타고 내려오면 '백회장'이 '또 뭐 하는 거야!' 하고 그럼 제가 '지금 그게 중요한 게 아니고 걸작이 나올 거예요'라고 주고받는 장면이 저희 둘의 첫 장면이었어요. 저는 한 3~4회차 촬영을 한 상태였거든요. 선배님이 '여빈, 나 첫 촬영이어서 너무 긴장됐었는데, 우리 좋다, 좋을 것 같은데' 하고 얘기해 주시는 거예요. 근데 저도 되게 좋았거든요(웃음). 그래서 '아 뭔가 우리 통한다' 하고 그냥 그걸 서로가, 어떤 배우의 동물적인 감각을, 그냥 순간을 확 느꼈거든요. 그다음부터는 그냥 정말 앞에 송감독, 아니 송감독이 아니지, '김감독'(웃음), 아 어떡해 입에 붙어가지고. '김감독'과의 연기에서처럼 그냥 우리 '백회장'만 믿으면 됐었어요. 저희 둘은 정말 스위트한 선후배 사이거든요.

'여빈~' '선배님~' 막 '언니~' 이런 사이거든요. 그런 인간적인 관계와는 또 다르게 역할 간의 케미를 만들어낼 수 있는 아주 신나는 경험을 했습니다."

"사실 강호 선배님과는 〈밀정〉 때 제가 단역으로 나왔어서, 술 한잔할 수 있는 어떤 모임에서 한번 인사를 나눴던 적이 있어요. 사실 그때 뵙고 선배님과 연기를 하게 된 건 처음인데, 너무 신기하게도 제가 어쨌든 학생 때부터 선배님의 연기를 계속 봐와서였는지, 아니면 원래도 존경하는 마음, 동경하는 마음을 품고 있어서인지 먼 사람처럼 느껴지지가 않았어요. 그리고 '미도'는 '김감독'을 향해서 어떤 사랑과, 열정, 믿음을 다 쏟아붓는 사이잖아요. 근데 그 마음이 제가 굳이 만들어내지 않아도 이미 저에게 장착되어 있는 상태라 그 관계도 되게 편안하게 달려갈 수 있었어요.

물론 배우 전여빈이 배우 송강호 선배님께 표현하는 방식과 '미도'가 '김감독'에게 표현하는 방식은 다소 다르지만, 촬영을 하면 할수록, 익어가면 익어갈수록 제가 점점 '미도'가 돼서 감독, 아 감독님이 아니고(웃음) 강호 선배님도 '우리 미도!' 저도 '김감독님!' 이러면서 서로를 맞이하고 반기고 했었던 것 같아요. 그냥 정말 감정에 어떤 잔여물, 여과물 없이 그냥 믿고 선배님을 따라가면 됐었고, 따로 억지로 연기를 만들어낼 필요가 없었어요. 선배님의 모든 언어, 그 소리를 들으면 됐고, 행동을 주의 깊게 살펴보면 됐어요. 저는 그거에 반응만 하면 되었어요. '미도'라는 사람으로서요. 제가 따로 연기를 만들어내지 않아도 됐던 건 순전히 선배님 덕분이에요. 선배님이 '감독님'으로 나타나 주셨기 때문에 더 잘 연기하고 싶었고, 연기할 수 있었어요.

그리고 이 말을 꼭 하고 싶었어요. 제가 연기라는 필드에서 뛴 지 얼마 되지 않았지만, 그래봤자 5~6년이겠지만, 송강호 선배님은 제가 목격한 배우들 중에 가장 노력하고, 가장 집중하고, 가장 모든 에너지를 쏟아붓는 분이었어요. 그래서 저도 '아 다시 정신 차려야겠다' '나 절대 뭐 안다고 생각하지 말아야겠다' '내가 이 정도만 해서 된다고 생각하지 말아야겠다'라고 정말 제 정신이 번쩍 뜨이게 해주셨습니다. 만나고 나서 존경심도 더 높아졌고요."

정수정 배우와 서로의 팬이라고 말한다고 들었어요.

"수정이한테 그런 얘기를 한 적이 있어요. '유림아, 우리 나이대 여자 친구들 가슴속에 크리스탈 안 품은 친구가 없다'라고 하니까 빵 터지더라고요. 그때 제 동년배 되는 여자 스태프분도 그걸 들으시다 빵 웃더라고요. 그냥 당시 우리에게 동경의 대상이었고, 많이 사랑했던 아이돌 친구였어요. 크리스탈 하면 누구나 정말 좋아하는 사람이었거든요. 그래서 만나자마자 수정이한테 '제가 많이 좋아해요'라고 하니까 '저도 좋아해요!' 이런 식으로(웃음). 사실은 이미 서로 좋아하는 귀여운 마음, 따뜻한 마음이 있었기 때문에 연기할 때만큼은 '유림'이와 '미도'로 분해서 각자의 역할에 충실하려고 했어요. 한 신이 시작하면 진짜 막 불꽃 튀기고 전기 막 터지고 그랬다가도 끝나면 '괜찮아' 하는 거죠.

사실 제가 '유림'이를 괴롭히는 역할이었기 때문에 안아주면서 '미안해' '진짜 마음은 다치면 안 돼' 이러기도 했어요. 근데, 그랬기 때문에 이상하게 더 애틋한 마음이 쌓였고요. 아, '유림'이가 연기를 참 잘했습니다. '유림'이 연기 한번 지켜봐 주세요. 또 '유림'이가 연기하는 '유림'이 연기와, 영화 속 배역으로 연기하는 장면의 온도 차가 좀 있더라고요. 저는 그거 보면서 정말 박수 쳤거든요. 너무너무 잘해서요."

임수정 배우와는 같이 찍은 장면이 많이 없었는데,
아쉽진 않았나요?

"제가 또 소싯적에 참 좋아했던 영화가 바로 〈장화, 홍련〉입니다. 수정 선배님이 마지
막에, 집을 떠나면서 노래가 나오는데 (노래 흥얼거림) 그거 한참 동안 제 싸이월드 BGM이
었고요(웃음). BGM뿐만 아니라 제 컬러링이기도 했습니다. 선배님 따라 어그부츠도 사서
신고, 알록달록한 니트도 사 입어보고 했었는데요. 아, 막상 현장에서는 선배님을 많이 뵙
지 못해서 아쉬웠지만. 음, 제가 진짜로 분장받는 분장실에서는 많이 뵈었어요. 선배님이
항상 오며가며 '어, 여빈, 언니라고 불러~'라고 너무 살갑게 받아주셨어요.

그냥 저는 한 공간에 같이 있었다는 것만으로도 뭔가 성덕? 성공한 덕후? 꿈을 이루고
그 꿈이 실체가 되었던 기분이라 참 좋았습니다."

"굉장할 거 같아요.
세트장 폐쇄시켜 내가 책임집니다.
아무도 못 빠져나가게."

"일단 찍으세요, 감독님.
 저도 위대한 작품에 참여하고 싶어요."

**"1970년대 배경의 영화를 찍는다는 건,
배우로서도 준비해야 할 부분이 많았을 것 같은데요."**

"우선 많이 찾아보려 했어요. 그 당시에도 여성 감독님이
계시더라고요. 구체적으로 알기는 어려워서 이미지를 보면서
제가 상상으로 더 붙여봤어요. 요즘 사람들과 비교해도 훨씬
진취적인, 그러니까 그 당시에 이런 사람이 있었으면 정말 틀을 깨는
여성이었을 것 같거든요. 여성상을 넘어 정말 모든 틀을 깨부수는
인간상이랄까요. 상상과 대본, 감독님의 디렉팅과 현장의 호흡에
저를 맡겼습니다."

"인상에 남았던 현장의 장면이 있나요?"

"박주사님이 나오는 장면들이요. 저는 배우니까 연기하는 장면을 많이
보잖아요. 그런데 실세로 밖에서 돌아가는 상황을 보니까 카메라
안에서 밖을 볼 때보다 더 많은 인원이 보이는 거예요. 이건 '미도'가
아니라 배우로서 느꼈던 지점인데, 정말 신 하나하나를 위해서 얼마나
많은 사람이 참여하는지, 그리고 그런 작업에 참여하는 게 얼마나
재밌으면서도 어려운 작업인지 생각해 보는 계기가 되었어요."

"세트 하나만 자랑해 주신다면요?"

"이건 말하기가 정말 힘드네요. 왜냐면 우리 세트 진짜 좋았거든요.
다 너무 훌륭해서… 뭐 하나를 말하기가 참 어려운데. '김감독'과
'호세'가 성당 세트 뒤편에 앉아 이야기하는 장면이 있어요.
제가 촬영할 때 모니터로 계속 지켜봤었는데요. 그냥, 너무
아름답더라고요. 그리고 영화의 거의 하이라이트, 세트장이 불타는
장면 있잖아요, 그때 그 장면과 세트장도 압도적이었어요. 그래도
하나를 꼽으라면 성당의 알록달록한 스테인드글라스 앞에서
'김감독'의 진심이 조금 보여졌던 첫 번째 장면을 꼽고 싶어요. 그게
우리 영화에서 제가 제일 사랑하는 장면이에요."

"제가 <거미집>에서 정말 사랑하는 대사가 있는데요.
김감독이 '제가 재능이 없는 걸까요?'라고 말을 할 때
(신감독이) 그 대답을 해주세요. '너 자신을 믿는 게 재능이야,
그게 재능이지'라고 하시는데. 믿음이라는 게 참.
나 말고 다른 사람을 향해서 믿음을 줄 때는 그게 응당
당연한 거 같기도 하고 그 마음이 너무 아름다운 마음
같아서 믿어주고 싶은데
나 스스로에게는 왜 그렇게 힘 들어지는지 잘 모르겠어요.
근데 저는 영화에서 그 대사를 들을 때 너무 기분이
좋더라고요. 내가 다른 사람을 믿어줄 수 있는 마음만큼 나
스스로도 또 믿어줄 수 있었으면 좋겠고 혹은
내가 누군가를 믿어주지 못하겠다 싶을 때 나를 사랑하는
그 마음으로 믿어주고 싶어요."

신미도에게,

미도 안녕! 요즘은 어때, 아직 신성필름에 있니?

쇼트커트였던 머리 길이가 이제는 중단발 정도 되었겠구나. 아닐까,
매달 머리를 다듬었으려나. 네가 자주 입던 짙은 초록색 가죽 재킷도
나팔바지도 떠오른다. 불도저처럼 씩씩하게 걷던 걸음이 생각나 웃음이
난다. 제작자에서 연기자로 방향을 튼 건 아니지? 설마.

이제 와서 하는 말이지만, 네가 좀 더 다정해졌으면 좋겠다 싶어. 물론
일이라는 것을 해나가는 데 있어서 과감한 결단력이라든가 실천력이
너무 중요하긴 하겠지만 영화라는 것은 함께 만들어나가는 것이기도
하니까.

미도야 사랑해!

참, 미도야! 너에게 영화라는 것은 어떤 의미니. 이제 또 어떤 작품을
만들어가고 싶니. 신성필름의 후계자인 네가 마냥 좋아하는 마음으로만
영화를 대할 수는 없겠지만… 영화라는 것을 향한 네 속마음이 참
궁금하다. 어쩌면 이 질문은 영원한 질문일 수도 있겠다 싶어. 지금 당장
한 줄의 다짐이 아니더라도, 스스로에게 계속 질문해 봤으면 좋겠어.
걷다 보면 그 걷는 과정 자체가 질문이고 답일 때도 있겠고.

며칠 전 본 책에서, 한 각본가는 그런 이야길 했다더라. "단 한 명의
외로운 사람을 위해 썼다"라고. 이 말을 읽고서는 미어지는 마음을
느꼈어.

그냥 너에게도 전해주고 싶었어. 넌 단 한 명의 누군가를 정말 진심으로
믿어줄 수 있는 사람이잖아. 그런 너니, 그 진실한 사랑이 묻어나는
무언가를 세상에 내어놓을 수 있지 않을까. 무튼 응원할게. 건강해라!
많이 웃고, 맘껏 꿈꿔. 신미도!

"〈거미집〉은 흔하지 않은
기회였어요.

대사가 한 줄이어도 하고 싶은
작품이었죠."

"안녕하세요,
　　신인 배우 '한유림' 정수정입니다."

스케줄 조율이 어려웠지만 감독님께
'저 이 작품 꼭 하고 싶어요'
말하며 용기를 내봤죠."

"극 중의 '유림'이처럼 드라마 촬영을 하고 있는 중에 크랭크인을 해야 하는 상황이었어요.

라이징 스타 '한유림'

유림은 피곤하다.

치솟는 인기 탓에 촬영 일정은 빡빡한 데다,
제작사 직원 미도는 무례하고,
연인인 호세의 행실은 영 마뜩잖다.

그래도 어쩌겠어.
검열 공무원한테는 아양 한번 떨어주고,
쁠랑세깡스를 향해 열심히 달려가는 수밖에.

'한유림'은 어떤 인물인가요?

"'한유림'은 1970년대의 라이징 스타이자, 굉장히 다채로운 매력을 지닌 인물이에요. 여우 같은 면도 있고, 소녀 같은 면도 있고, 상대를 대할 때마다 다양한 모습이 드러나는 친구예요. '유림'이는 영화 보충 촬영을 하루만 하면 된다는 소식을 듣고 현장에 왔는데, 막상 와보니 이틀이라는 얘기를 들어요. 드라마 스케줄 때문에 어떻게든 이 현장을 떠나려고 갖은 고집을 부리죠. 특히 파트너인 '강호세'가 '유림'이를 계속 달래고 '유림'이는 '호세'에게 투정을 부리고 그런 스캔들이 있는 캐릭터예요."

김지운 감독님께서 '한유림' 캐릭터에게 특별히 요청한 게 있었나요?

"김지운 감독님께서는 '유림'이가 살랑살랑거렸으면 좋겠다고 하셨어요. 극중극에서도 살랑거리는 게 있고, 배우 '유림'이도 누구에게 잘 보여야 되는지, 누구는 신경을 덜 써도 되는지를 아는 빠릿빠릿한 친구라고요. 뱀처럼 유연하고 기민한 인물이었으면 좋겠다고 말씀해 주셨는데 진짜 '유림'이를 잘 묘사하는 말인 것 같아요. 그래서 감독님이 저한테 '뱀처럼 해줘'라고 말씀하셨을 때 그게 뭔지 단박에 이해했어요. 또 물이었다가 갑자기 불이 되는 것처럼 확확 변할 수 있는 인물이었으면 좋겠다고도 하셨죠."

출연을 결심하시게 된 계기가 있으셨나요?

"1970년대의 음악이나 패션에 관심이 있었어요. 그래서 시대만으로도 저한테는 너무 흥미로웠고 계속 생각이 나더라고요. 그래서 감독님과 미팅을 하고 영화의 디테일들을 들으면서 '정말 하고 싶다'라는 생각이 강하게 들었는데요, 제가 극 중의 '유림'이처럼 드라마 촬영을 하고 있는 중에 크랭크인을 해야 하는 상황이었어요. 스케줄 조율이 어려웠지만 감독님께 '저 이 작품 꼭 하고 싶어요' 하고 말하며 용기를 내봤죠."

1970년대의 분위기를 좋아한다고 하셨는데, 반대로 젊은 배우라서 1970년대의 배우를 표현하는 데 어려움이 있지는 않았나요?

"너무 있었죠(웃음). 처음엔 1970년대 말투를 써야 한다고 생각도 못 했어요. 현대적인 말투로 찍기도 하니까요. 근데 리딩을 갔는데, 70년대 말투로 해야 한다고 하시는 거예요. 감독님이 시범을 보여주셨는데, 처음에는 정말 멘붕이 왔어요. 사실 그 시대의 해외 영화들은 많이 봤지만, 한국 영화를 접한 적은 없었거든요. 그래서 옛날 영상도 찾아보고 영화도 봤어요. 정말 도움이 많이 됐어요. 노래 외우듯이 억양이나 어조를 익히려고 많이 노력했던 것 같아요.

말씀드렸듯 1970년대 음악이나 패션을 좋아해서 유림이의 비주얼을 잡을 때도 정말 리서치를 많이 했어요. 감독님께 70년대의 헤어, 메이크업, 의상도 보여드리고, '유림'이는 이때 이랬으면 좋겠고 이런 색깔이 좋은 것 같다고 솔직한 의견을 많이 말씀드렸죠. 열정이 넘쳤어요. 비주얼이 주는 힘도 정말 크다고 생각했거든요. 그리고 좀 달랐으면 좋겠다는 생각도 한몫했어요. 그 시대의 라이징 스타니까 한껏 꾸미고 외적인 요소에 관심이 많았을 거라 정말 다른 인물들과 달랐을 거예요."

김지운 감독님과 처음 작업하셨는데요,
감독님과의 작업은 어떠셨나요?

"사실 한 4~5년 전에 어떤 행사장에서 김지운 감독님을 만난 적이 있어요. 지인의 지인이셔서 가볍게 인사도 하고 대화도 나눴었는데, 감독님께서 워낙 젠틀하시고 코드도 잘 맞아서 그때의 기억이 되게 좋게 남아 있었어요. 이번에 〈거미집〉 미팅을 할 때 영화 얘기는 안 하고 한 시간 반 동안 수다만 떨었어요(웃음). 근황과 이런저런 이야기를 두런두런 나눴는데요. 그 수다는 정말 쓸데없는 시간이 아니라 '감독님이랑 일하면 되게 좋고 재밌겠다'라는 확신이 생긴 시간이었죠. 첫 미팅 때부터 확 끌렸어요.

현장에서 김지운 감독님이랑 제가 맨날 그런 장난을 쳤어요. 제가 '감독님 저 너무 힘들어요'라고 하면 감독님께서 '힘을 내보자 유림아' 하고 대답해 주셨죠(웃음)."

송강호 배우와의 호흡은?

"송강호 선배님은 항상 현장에서 반겨주시고, 장난도 먼저 쳐주시고 되게 편하게 해주셨어요. 그래서 연기를 할 때 오히려 긴장을 안 한 것 같아요. '유림'이와 '김감독'의 티격태격하는 케미는 촬영 초반에 있었는데요. 마음대로 하라고 먼저 말씀해 주시니까 너무 감사했죠. 제가 언제 송강호 선배님께 짜증 내고 투정 부리는 연기를 해보겠어요."

임수정 배우와의 호흡은?

"수정 언니랑은 몇 년 전에 우연히 카페에서 만나서 친분이 생겼어요. 종종 밥도 먹고 카페도 가는 편한 사이가 돼서 같이 작품하면 너무 좋겠다는 얘기를 한 적이 있는데요. 제가 〈거미집〉에 캐스팅되고 나서 배우 라인업을 들었는데 언니가 있는 거예요! 그래서 너무 신기했죠. 그런데 사석에서만 보다가 같이 연기를 하게 되니까 좀 어색하더라고요. 그래도 알던 사이고 하니까 불편함은 없었어요. 극 중에서 '유림'이가 '민자'한테 좋아한다고 말하는 대사가 있거든요. 실제로도 언니를 좋아하기 때문에 크게 어려웠던 점은 없었어요(웃음).

아! 이름이 같아서 사람들이 불편하지 않냐고 물어보는데 저희는 별로 개의치 않았던 것 같아요. 촬영장에서 감독님이 '수정아'라고 부르면 저희 둘 다 고개를 돌렸어요. 그때 감독님 눈이 어디로 향했나를 살피고, 시선으로 알아차리곤 했죠(웃음)."

오정세 배우와의 호흡은?

"오정세 선배님이 너무 좋다는 얘기를 많이 들어서 기대감이 컸죠. 그런데 정말 문자 그대로 너무 좋으신 거예요. 상대 배우의 긴장을 풀어주려고 노력하시고… 사실 현장의 분위기 메이커셨어요. 박정수 선생님도 '정세 못 보는 거 너무 아쉽다'고 말하실 정도로 정말 현장의 꽃이었어요."

전여빈 배우와의 호흡은?

"전여빈 언니랑은 이번에 처음 만났는데, 언니도 저를 좋아했었다고 말하고, 저도 언니를 좋아해 왔어서 너무 좋았죠. 근데 '미도'가 '유림'이를 계속 괴롭히잖아요. 그런 신을 찍을 때 언니가 '우리 수정이한테 이렇게 하다니 미안하다'고 말해줬어요. 저는 '언니 저한테 막 해도 돼요' 이러면서 촬영했는데, 막상 촬영에 들어가면 언니한테서 나오는 에너지에 깜짝 놀랐던 것 같아요. 언니가 먼저 그렇게 해주니까 저도 더 욕심내서 하게 되고 그런 시너지 효과가 느껴졌어요."

"난… 거미가… 싫어."

"가짜 핀데 무슨
피 알레르기야?"

"'한유림'을 한마디로 표현하자면?"

"깍쟁이? 유림이가 20대 중반이라는 설정인데, 어떻게 보면 성숙해 보이다가도 조금만 자세히 보면 참 어린 나이잖아요. 그래서 힘든 티를 내면서 투정을 부리다가도, 높으신 분이 오면 열심히 하고 잘 보이려고 애쓰는 모습이 딱 깍쟁이 같아요."

"1970년대를 배경으로 한 영화라는 점이 특별한데요, 이 시기에 대한 인상이 궁금해요."

"예술을 하기에는 어려웠던 시기잖아요. 그런데 그걸 깨려는 노력들이 있었기 때문에 도리어 좋은 영화와 음악이 많았던 것 같아요."

**"배우 '한유림'과 배역 '한유림'의 차이를 두려고 했던
부분이 있었나요?"**

"연기적인 부분에 차이를 두려 했던 것 같아요. 극중극에서는 어쨌든 시대에 맞는 연기, 무브먼트, 표정 같은 것들이 있으니까 배우 '유림'이보다 한 열 배는 오버해야 했어요. 동작도 크게 크게 하고, 한 템포 쉬었다가 말하고요. 그런데 하다 보니 이런 거에 익숙해져서 배우 '유림'이의 대사를 할 때도 왠지 그렇게 해야 할 것 같은 거예요. 극중극 '유림'이를 하다가 갑자기 확 빠져나와서 배우 '유림'이가 되는 온도 차가 재밌었어요."

"'한유림' 연기를 하면서 기억에 남는 에피소드가 있으셨나요?"

"정말 모든 장면이 다 기억에 남아요. 왜냐면 그냥 흘려보내는 신이 하나도 없거든요. 그래도 하나 꼽아보자면, 여기 사람들 전부 다 미친 것 같다고 막 소리 지르는 장면이 있어요. 에너지란 에너지는 다 쏟아부어서 유독 더 기억에 남아요."

"감독님, 캐스팅 그런 걸 다 떠나서
이 시나리오가 제게는 되게 특별하게 느껴졌어요."

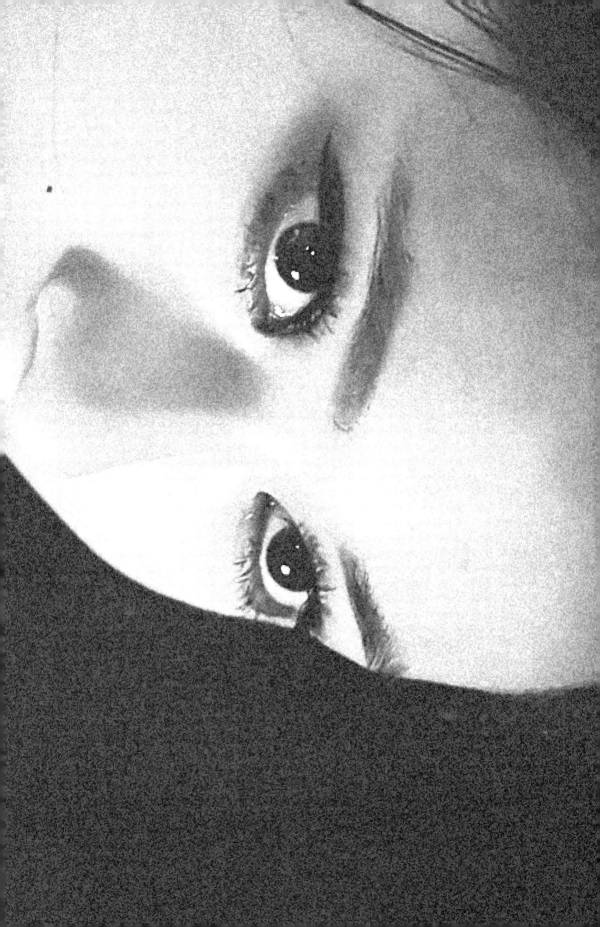

〈거미집〉의 시나리오를 처음 받은 이후, 몇 번의 수정 시나리오 버전들이 있었다. 특히나 영화 속 영화의 클라이맥스 엔딩 부분이 여러 번 바뀌었던 게 기억난다.

그러다가 마침내 완성된 버전을 읽으면서 나는 'Black Widow Spiders (검은과부거미)'가 떠올랐다. 이 거미는 교미 후 암컷이 수컷을 잡아먹는 걸로 유명한데, 우리 영화 속 영화에서도 한집의 모든 여자들이 결국엔 욕망 때문에 집안 남자들을 다 죽인다. 이런 닮은 점을 찾은 게 굉장히 흥미로웠고 영화 속 영화의 한유림을 연기할 때도 검은과부거미를 떠올렸다. 그래서인지 평소보다 거미가 유독 눈에 잘 띄었다.

기분 탓이었을 수도 있겠지만 꿈에서는 물론이고, 〈거미집〉 촬영이 없는 날에도 여느 길거리에서나 다른 촬영장에서, 심지어 엘리베이터에서나 이동할 때 늘 타고 다니는 차 안에서 이상하게 위치해 있는 다양한 거미를 목격했다. 마치 거미가 "절대 나를 잊지 마"라고 말하는 것 같았다. 혼자 이런 생각을 하며 더 신나고 즐겁게 현장을 다녔다!

〈거미집〉을 떠올리면 생각나는 장면이 참 많다. 영화 속 영화 분량이
나에게는 유독 특별했고, 그중에서도 공장에서의 촬영이 기억에 남는다.
항상 뭔가 알 수 없는, 처음 느껴보는 긴장감이 있었다. 편집된 장면 중,
한유림이 다른 여공의 등에 가위를 꽂는 장면이 있었다. 그 당시 현장의
아주 차분한 분위기와 연기가 가득한 어둡고 좁은 공간, 그리고 으스스한
찬 공기가 묘한 쾌감을 주었다. 정말 다크한 장르를 촬영하면 이런
느낌일까? 새삼 궁금해졌다.

〈거미집〉이라는 작품을 촬영했던 3개월과, 그리고 그 이후에 누릴 수
있었던 특별한 순간들을 평생 잊을 수 없을 거다. 진심으로 감사하고 또
감사한 마음이다.

개봉 후 1년이 지난 지금, 글로 새롭게 기록될 〈거미집〉을 기대하며.

"정말 긴장됐지만 잊을 수 없는 경험이었어요.

〈거미집〉은 제 연기 인생에서 굉장히 특별한 작품으로 남을 거예요.

앞으로 제가 배우를 하면 얼마나 더 하겠어요. 영화를 몇 개나 더 할 수 있을지는 모르겠지만,

〈거미집〉은 영화에 대한 제 마음가짐을 새롭게 키워준 작품입니다."

"안녕하세요.

노장 배우 '오여사' 박정수입니다."

빛나는 관록의 연기
'오여사'

극중극 〈거미집〉에서 욕망에 가득 찬
시어머니를 연기하는 배우.

갑작스러운 재촬영 호출도 수많은 작품을
촬영하며 산전수전 다 겪은 그에게는 해프닝일 뿐.
감독의 무리한 요구와 몰아치는 악조건 속에서도
여유를 잃지 않고 카메라가 돌아가면
금세 날 선 연기를 선보인다.

"드라마는 늘 해왔지만 영화는 함께 출연한 후배들보다 내가 후배예요. 드라마와 영화의 작업 과정이 많이 달라 배워가면서 찍었어요.

생활 드라마만 해봤지 이런 장르의 영화는 사실 어떻게 연기해야 할지 자신이 없었어요. 그래서 내가 해낼 수 있을까 걱정했는데 그냥 하던 대로 연기하면 된다 그래서 출연했어요. 내가 영화 작업 과정을 몰라서 생긴 에피소드도 있어요. 배우들이 한 신만 찍으면 모니터 앞에 가더라고요. 드라마는 그런 경우가 별로 없어요. 이미 콘티가 나와 있기 때문에 난 프레임 안에서 연기만 하면 돼죠. 그런데 영화는 콘티가 감독님의 머리 안에 있어서 모니터로 바로 확인을 해야 했어요.

내가 이 사실을 알았을 땐 이미 끝 무렵이었어요. 선배로서 수치스러웠죠. 후배들에게 연기력으로 밀릴까 봐 두려웠어요.

내가 영화 속 배경인 유신 정권 사람이에요. 1972년 MBC 입사했을 때, 중수부(대검찰청 중앙수사부)에서 검열 나왔어요. 직접 이 시대를 겪은 사람이라 옛날 생각이 나면서 다른 후배들보다 더 많은 걸 느꼈던 것 같아요.

영화는 감독의 예술이라고 그러더니, 시선 돌릴 새도 없이 작품이 타이트하고 재미있게 나왔어요. 감명 깊게 봤어요. 김지운 감독님을 존경하는 마음을 얹어서 바라보게 됐어요.

누가 16년 만에 영화 해서 칸까지 오겠나. 나는 대단한 행운아예요. 그동안 영화 출연 제의가 가끔 왔는데 할 생각이 없었어요. 이렇게 인연을 만나려고 그런 것 같아요."

▲ 〈데일리안〉, '거미집' 박정수 "드라마와 다른 작업과정, 후배들에게 밀릴까 두려웠다" [칸 리포트] 2023년 5월 27일 자.
▶ 〈연합뉴스〉, 칠순에 첫 칸영화제 초청 박정수 "내게 이런 행운이 오다니", 2023년 5월 27일 자.

어느 날 매니지먼트를 해주는 친구가 김지운 감독님 작품이라며 〈거미집〉 시나리오를 주더라고요. 전 처음에 '김지운이가 누군데?' 하고 무식한 얘기를 했어요. 하하. 그러곤 집에 가서 우리 영감한테 이 얘기를 했더니, '이 사람아, 당연히 해야지! 아무 역이나 달라고 해'라고 하더라고요."

"보통 대본 리딩을 할 때 배우진 여럿이 함께 맞춰보거든요. 근데 김 감독은 일대일로 면접하듯이 리딩을 시키더라고요. 전 배우를 하는 동안 떨어본 적이 없는 사람이에요. 심지어 김수현 작가님 앞에서도 안 떨어요. 근데 김 감독 앞에서는 엄청나게 떨었어요.

또 기존에 해온 홈드라마와는 달리 칼을 쓰거나 하는 장면이 있잖아요. 이런 연기를 해보는 게 처음이니까, 처음엔 김 감독에게 '출연 제의는 고마운데 못 할 것 같다'고 했어요. 감독님은 '그냥 하세요. 제가 시키는 대로 하면 돼요' 격려해 주더라고요. 그래서 그냥 한 거예요."

"스크린을 보면서도 정신의 절반은 관객들에게 팔려 충분히 즐기지 못했어요. 나는 그 시대를 경험한 사람이라 영화가 재밌을 수 있는데, 외국인에게도 그게 느껴진다는 게 참 희한하더라고요.

정말 긴장됐지만 잊을 수 없는 경험이었어요. 〈거미집〉은 제 연기 인생에서 굉장히 특별한 작품으로 남을 거예요. 앞으로 제가 배우를 하면 얼마나 더 하겠어요. 영화를 몇 개나 더 할 수 있을지는 모르겠지만, 〈거미집〉은 영화에 대한 제 마음가짐을 새롭게 키워준 작품입니다."

코로나가 기승을 부리던 22년 1월 〈거미집〉 제작부에서 전화가 왔다.
대본 리딩을 제작사 사무실에서 하니 오란다. 그것도 감독님과 일대일로
한단다. 가뜩이나 16년 만에 하는 영화 작업이라 두근반 세근반인데
감독님과 일대일 리딩이라니…. 마음을 다잡고 앤솔로지스튜디오
사무실 문을 여니 감독님이 카리스마를 내뿜으며 호기롭게 앉아 있었다.

그 순간 움찔했지만 당신만 카리스마 있소? 나도 있소이다 하며
당당함을 가장해 앉았다. 간단한 인사와 리딩을 시작했는데 앗!

이게 뭐지? 뭔 감독님이 대사를 저리 잘해?

내 '카리스마'가 '가리스마'로 전락하는 순간이었다. 앞으로의 작업이
만만치 않을 것 같은 예감. 하지만 그것도 기우…. 영화 작업이 이리
즐겁다면 난 영화만 하리라….

써줄 사람은 생각도 안 하는데 혼자 김칫국을 신나게 마셨던 기억이
생생하다. 〈거미집〉만 생각하면 난 그냥 즐겁다.

잊지 못할 추억과 영화 작업이 즐겁다는 걸 알려준 제작사 대표님,
감독님, 제작부 직원들, 우리 후배들에게 다시 한번 글을 통해 깊은
감사를 드린다.

"캐스팅이 확정됐을 때
잠이 안 올 정도로
흥분됐습니다.

김지운 감독님과의 작업이
저에게는 버킷리스트였기
때문에 이 작품에
참여한 건 행운이었어요."

"안녕하세요.
신성필림의 대표 '백회장'
장영남입니다."

심의도 안 나온 대본으로 몰래 촬영을 감행한
'김감독'의 현장에 문을 부수고 들어와
당장 해산을 외치며 좌중을 압도한다.

한순간에 극의 긴장감을 최고조로 끌어올리며
'김감독'이 걸어 잠그고 외면하려 했던 바깥의
현실을 똑바로 직시하게 만드는 인물.

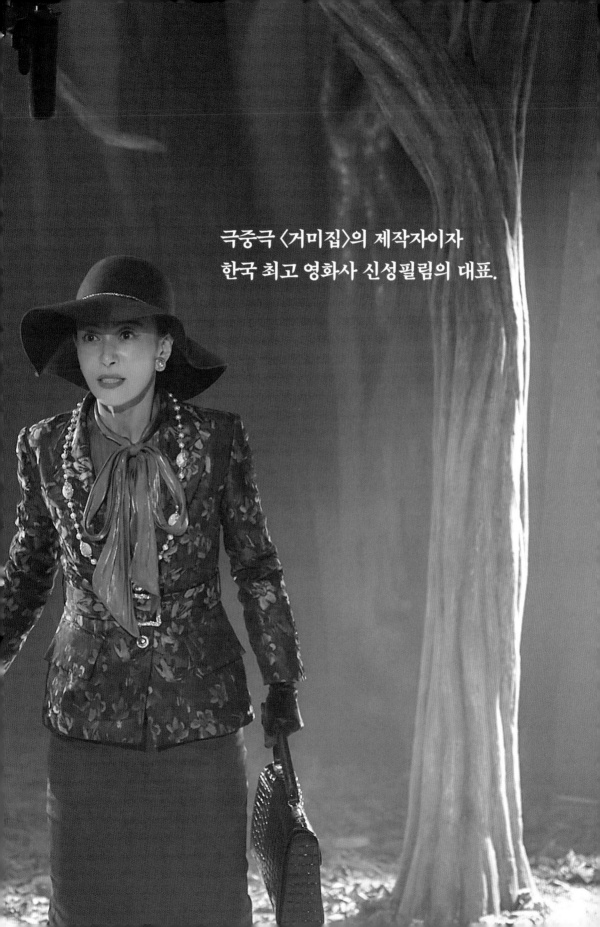

극중극 〈거미집〉의 제작자이자
한국 최고 영화사 신성필림의 대표.

"캐스팅이 확정됐을 때 잠이 안 올 정도로 흥분됐습니다.

김지운 감독님과의 작업이 저에게는 버킷리스트였기 때문에 이 작품에 참여한 건 행운이었어요. '백회장' 역할을 통해 스스로를 증명하고 감독님의 믿음에도 보답해야겠다고 생각했어요."

"배우로서 송강호 씨를 안 좋아하는 분이 있을까 싶어요. 작품마다 실제 그 삶을 사는 사람 같아요. 실제로 현장에서 연기하는 모습을 보는데 제가 연기는 안 하고 관객처럼 구경하고 있더라고요. '미도'가 '유림'이 대신 연기하는 신에서 정말 끊임없이 애드리브를 하시는 걸 보고 놀랐어요. 그 애드리브를 보다가 제 애드리브는 생각하지 못했죠.

어떻게 저렇게 장난하는 것처럼 대사를 해도 진짜 같고 위트 있고 해학적일까 싶었어요. 이래서 '역시 송강호'라고 하나 보다. 후배들에게도 칭찬과 응원을 많이 해주세요. 감독님이 일일이 말씀하지 않아도 송강호 씨가 와서 잘했다고 칭찬해 주세요. 그런 현장이 너무 행복했어요."

▲ 〈연합뉴스〉, 앙상블로 '거미집' 빛낸 조연들…"놓칠 수 없던 기회", 2023년 5월 28일 자.
▼ 〈데일리안〉, 장영남 "송강호 연기 구경하느라, 내 애드리브 준비 못해" [칸 리포트], 2023년 5월 28일 자.

한여름 밤의 꿈처럼

우당탕 엎치락뒤치락하고

생각만 해도 웃음이 절로 나오는

그래서 좋아 죽겠는 게 〈거미집〉이다.

처음 캐스팅되었던 순간 무슨 로또라도 당첨된 듯

기뻐 날뛰었던 때가 떠오른다.

그리고 역시나 내 예상을 빗나가지 않았던 현장은

내게 마음껏 상상하고 마음껏 뛰어놀라며 조곤조곤 속삭여 줬다.

어느새 〈거미집〉이라는 퍼즐이 완성되었고

그 어느 틈엔가 '백회장'도 안전하게 잘 끼어서 맞춰져 있었다.

〈거미집〉을 함께 하는 동안

모든 순간이 너무나 소중했다.

시간이 지난 지금도

생생하게 가슴 뜨거워지는 작품이다.

함께 숨 쉴 수 있어 행복했습니다.

늘 행복하세요 🙂

김부장

김민재

"늘 바라왔던 삶에 대한 갈망이 녹아 있는 현장이었던 것 같습니다. 영화의 속성이라고 해야 하나요? 의외성, 일회성이라는 단어처럼 영화 〈거미집〉의 현장은 일상을 벗어나 놀라움과 신선한 경험으로 가득했습니다. '김부장'이라는 역할을 통해 맺은 김지운 감독님과의 인연은 정말 따뜻하고 매일매일이 감사했습니다."

"온전히 작품에 집중하고 재밌게 창작할 수 있어서 배우로서 너무 감사했고 고마웠습니다. 그리고 현장 촬영 중 둘째 아이를 득남하기도 해서 평생 기억에 남을 거 같습니다. 감독님이 '김민재 배우가 방금 득남했습니다' 하고 직접 축하 인사까지 전해주셔서 특별히 더 기억에 남습니다."

"훌륭한 창작자들과의 작업은 매일매일이 인상적인 시간이었어요. 정말 빈말이 아니라 감사하고 행복한 현장이었습니다."

"현장 촬영을 하다가 모니터 쪽으로 왔을 때 박정수 선생님이 '이 친구는 스태프치고는 연기를 너무 잘한다' 라고 말씀하셨던 게 가장 인상적이었어요."

"〈거미집〉을 마치고 남은 건 현장에 대한 추억과 그리움입니다. 또 언제 만나게 될까요? 감독님 그리고 스태프들, 선배님과 동료 배우들… 다들 건강하게 잘 지내세요."

조감독

김동영

"〈거미집〉은 내가 하고 있는 일이 이렇게 재미있고 즐거운 것이란 걸 알게 해준 작품입니다."

"아직도 송강호 선배님(김감독)이 장영남 선배님(백회장)에게 모욕적인 얘기를 듣던 장면에서의 두 분의 에너지와 송강호 선배님의 눈빛이 잊히지가 않습니다."

"송강호 선배님(김감독)이 장영남 선배님(백회장)에게 뿔랑세깡스를 설명하는 장면을 찍다가 모두 웃음이 터져서 몇 번이나 테이크를 계속 갔는데 저는 그 장면에서 대사가 수정되는 바람에 '웃으면 끝이다'라는 생각에 긴장이 되어 그 웃음에 함께할 수 없었습니다."

"일에 대한 마음가짐이 달라졌습니다. 영화 촬영장이든 뭔가 일을 하는 곳이라면 사람들의 생각하는 마음이 다 다르듯 일터의 축소판이라 생각하면 어떨까 감히 생각해 봤습니다."

박주사

장남열

"〈반칙왕〉 이후 20년 만에 김지운 감독님과 송강호 배우와
업한 영화."

"한곳에서만 찍은 영화. 촬영 때마다 한곳
에서 진행되어 이동하기 편리했던 촬영장.
불타는 장면을 촬영할 때 배우 대기석에 그
렇게 의자가 많았던 건 처음. 그 의자들도 제
자리를 찾아갔겠지."

"미도와 술 먹는 장면을 참
열심히 준비하고 촬영했는데
편집되어서 아쉽다. 그리고 무
척 좋은 영화인데 좀 더 많은
관객이 보아주었으면 하는 아
쉬움."

"나에게 〈거미집〉은 훌륭한 스태프, 좋은
배우들과 함께해서 즐거운 영화. 관객들에
겐 창작의 고통을 이겨내며 작품을 만드는
장인들에 대한 이해에 도움이 되어줄 수 있
는 영화였으면, 그리고 감명받는 영화가 되
었으면 좋겠다."

황반장
정기섭

"재미있고, 독특한 내용으로 메소드 연기를 경험하게 해준 작품이고, 그동안 해보지 못한 새로운 캐릭터를 시도할 수 있게 해준 고마운 작품입니다."

"빨랑세깡스를 통해서 각기 다른 성격의 배우들이 만담하듯이 치고받는 대사와 순발력, 앙상블이 배우로서 〈거미집〉 현장에서 경험했던 인상적인 일이었습니다."

"'황반장'의 입장에서 '구박사'와 함께 '오여사'의 집을 찾아가서 형사 역을 수행하는 극중극이 영화에는 담기지 않았지만 가장 기억에 남고 '황반장'으로서 아쉬운 부분입니다."

"'황반장'을 통해 여러 형태의 인간을 연기할 수 있다는 배우로서의 가능성을 본 것 같아 감사했습니다. 작품을 통해 어떤 의미를 찾기보다 가벼운 마음으로 보시는 걸 추천합니다."

"〈거미집〉은 이루고자 했던 소원―현실에서의 깨달음―미래의 희망."

"〈거미집〉을 통해 김지운 감독님과 송강호 선배님을 만나 소원을 이루었고 훌륭한 스태프와 배우들과 소통할 수 있어 행복했습니다."

구박사
김중희

"영화란 무엇일까? 언제든 책꽂이에서 꺼내볼 수 있는 교과서로 남아 있길 바랍니다."

231

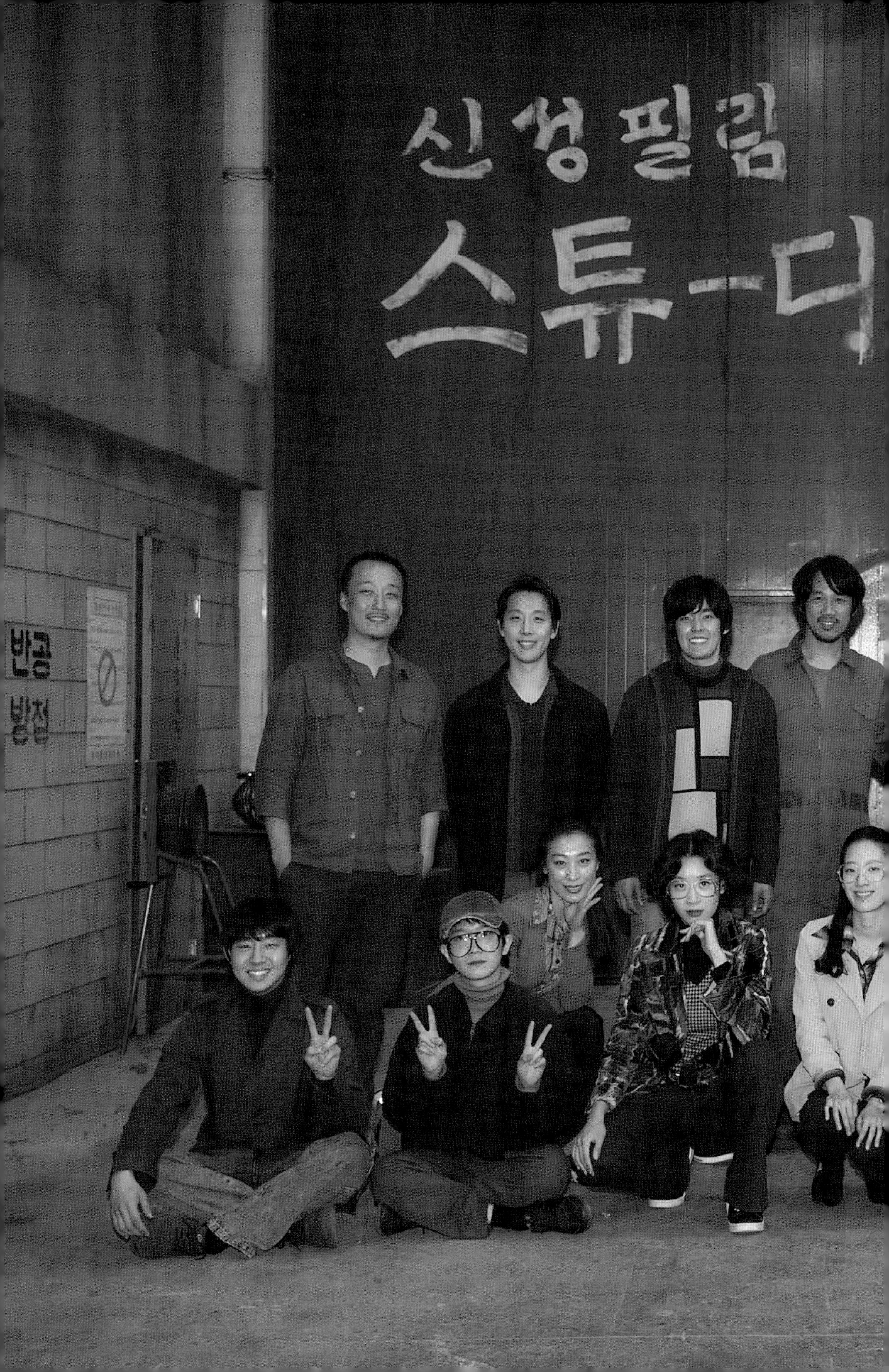
신성필림
스튜디
반공
방첩

촬영기사 김문학

"안녕하세요. 〈거미집〉에서 홍기사 역을 맡은 배우 김문학입니다. 배우로서 작품과 연기에 대한 열정이 묘하게도 〈거미집〉이라는 작품 속의 '김감독'과 중첩되는 부분이 있어서 촬영하면서 매 순간 설렘과 동질감을 느끼며 촬영했습니다. 너무 좋았습니다. 좋은 선배님들과 연기할 수 있어서 참 즐거웠거든요.

개봉하고 시간이 조금 지난 시점이지만 작품 속에서 제작부 친구에게 하는 '어이! 그래! 수고했어'라는 제 대사가 기억에 남습니다.

〈거미집〉이라는 작품에 참여한 모든 스태프와 배우와 제작진분들… 여러분 모두에게 수고하셨다고 어찌어찌 되어도 꿈과 열정이 계속된다면 작품은 완성된다고 한 마디 아니고 두 마디 남기고 싶습니다."

"여러분 수고하셨습니다."

조명기사 이승진

"〈거미집〉은 카메라 안팎에서 늘 진심이었던 분들과 촬영했던 소중한 작품이었습니다.

'김감독'의 대사처럼 '서로 후회하지 않기 위해 부끄럽지 않기 위해 온전히 바치는 것. 그것밖에 없는 것.' 〈거미집〉, 그리고 '영화'가 주는 힘인 것 같습니다."

기록 강채영

"〈거미집〉을 찍는 내내 꿈과 현실을 오가는 듯한 기분이었어요. 일단 한 세트 촬영이다 보니 촬영할 때도, 쉴 때도, 밥을 먹을 때도 항상 세트장 쪽에 고립되어 있었고, 그렇게 항상 현장을 맴돌다 보니 작품을 만들기 위해 얼마나 많은 사람이 필요한지, 얼마나 많은 수정과 보완이 쉴 틈 없이 이뤄지는지를 처음으로 체감했던 것 같아요. 아무리 빈틈없이 준비해도 어디선가 계속 튀어나오는 온갖 고난과 역경 속에 서로 부딪치고 다시 어우러지며 모든 스태프와 배우들이 같이 숨 쉬고, 거기에 맞춰 함께 호흡하며 비로소 작품이 태어난다는 걸. 우리의 현실이 영화의 이야기와 맞닿아 있는 부분이 실제로도 정말 많았어요. 특히 뽈랑세깡스 장면은 정말 많은 인원이 함께 춤을 추듯 치고 빠지며 하나로 똘똘 뭉쳐 촬영했던 게 기억에 남아요.

그런 과정을 배우로서, 그리고 스크립터로서 동시에 몰입하고 경험할 수 있었던 게 정말 특수하고 소중한 일이었어요. 많은 영화인에 대한 존경과 애정, 동지애와 사명감을 배웠달까. 그래서인지 저는 배우와 스태프 할 것 없이 모두가 가족처럼 애틋하고 가깝게 느껴졌어요. 매 순간이 작은 축제 같았고 위로였고 감동이었습니다. 앞으로 영화 일을 하는 동안 오래도록 제 마음 가까운 곳에 두고 기억하고 싶은 시간이었어요."

"어떤 어려움이 닥쳐도 끈질기게 희망을 찾고 방법을 모색하고, 신념을 지키는 김감독의 진심에 한껏 웃고 울고 경악하고 감동하다 보면 내 뜻대로 되는 게 적다 느껴지는 이 세상을 조금은 더 가벼운 마음으로 마주할 수 있지 않을까요? 자기가 믿고 사랑하는 것에 열정을 바친다는 것은 사실 참 용감하고 아름다운 일이니까요. 이 영화를 보는 분들에게 그런 용기를 조금이나마 북돋아 드릴 수 있었으면 좋겠습니다. 엉뚱한 용기를 용감하게 낼 수 있기를."

연출부 김민하

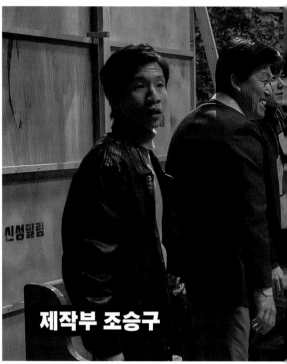

제작부 조승구

◀ "자랑스러운 필모. 언제 만나도 반가울 동료들."

"많은 사람들이 한 작품을 만들기 위해 각자의 자리에서 이떤 일을
하고 어떻게 헌신하는지 고스란히 잘 전달되었으면 좋겠습니다."

▶ "내가 가는 길이 맞다고, 잘 가고 있다고 확신시켜 준 영화."

"무언가를 할 때 끝까지 포기하지 않고 결과를 낼 수 있으면 좋겠
습니다."

소품기사 박현철　　　의상팀 이혜아　　　분장팀 강다은

◀ "〈거미집〉이 끝난 후 가장 크게 남은 건 촬영에 자신감이 생겼다는 겁니다. 처음 영화를 찍은 배우로서 긴장감이 없었다면 거짓말이겠지요. 잘하고 싶다는 욕심 혹은 폐를 끼치면 안 된다는 마음 때문에 위축되고 조심스러워지는 순간들이 있었지만 감독님이 먼저 편안한 분위기를 만들어주시고 많은 스태프와 동료 배우들이 촬영에 대해 함께 고민해 주면서 부담과 불편을 해소할 수 있었습니다."

"영화마다 제각각 매력이 있지만 〈거미집〉은 상황의 돌변성과 복잡성으로 인해 생기는 사건의 흥미로움으로 가득 찬 영화입니다. 〈거미집〉의 매력이 관객들의 마음속에 오래 남아 누군가의 최애 영화가 되길 바랍니다."

▶ "현장에서 선배님들의 연기를 눈앞에서 볼 수 있다는 게 정말 행복했습니다. 감탄을 넘어 완전히 압도된 순간도 있었는데, 연기를 하면서 느껴본 강렬한 경험 중 하나였습니다."

"영화 속 김감독은 현실과 이상, 그 간극에서 오는 괴리에 괴로워합니다. 그럼에도 끝끝내 영화를 완성해 내는데요. 이 영화가 포기하고 싶은 순간이 와도 계속해서 앞으로 나아갈 용기가 되었으면 좋겠습니다."

촬영보조 김홍국

조명보조 이선우

▲"〈거미집〉은 끝났지만, 사랑하는 동료들 그리고 행복했던 추억이 여기저기 남아 있습니다. 지금도 가끔 그날을 연료 삼아 동료들과 술잔을 기울이며 좋은 배우가 되기 위해 각자의 위치에서 열심히 노력하며 살고 있습니다."

"낯간지러운 표현이지만, 영화를 사랑한다는 표현을 자주 합니다. 극장에 가기 전 영화를 고르고, 극장에 앉아 광고를 보며 영화에 대해 기대하고, 그렇게 영화가 시작되고, 저는 곧 사랑에 빠집니다. 물론 어떤 영화들은 아쉬울 때도 있지만, 정말 좋은 영화들은 평생 기억하고 추억하며 살아갑니다."

"모든 영화가 여러 사람들의 수고와 노고로 이루어집니다. 한 번도 쉬웠던 적이 없을 만큼이요. 〈거미집〉은 영화를 조금 더 가까이 사랑할 기회가 될 것입니다. 아마 당신도 깊은 사랑에 빠지실 거예요. 감사합니다."

▼"영화 〈거미집〉은 저에게 포기하지 않아도 된다고 말해주는 '선생님' 같은 작품이었습니다. 지금 이 순간에도 무언가 '포기'하고 싶은 분이 계시다면 저처럼 〈거미집〉을 통해 '포기하지 않을 용기'를 얻길 간절히 바랍니다."

세트팀 임영준

세트팀2 김준범

◀"촬영장 앞 나무 벤치에 앉아서, 배우, 스태프, 선배, 후배 나뉘지 않고 전부터 알고 지낸 친구들처럼 마음을 나누던 시간이 이제는 추억으로 남았습니다. 겉으로 드러내지 않아도 한 사람, 한 사람의 영화를 사랑하는 그 빛나는 눈동자들."

▶"저에게 〈거미집〉의 기억은 따뜻합니다. 모든 스태프와 많은 선후배 배우들이 서로를 존중하며 작품에 대한 열의로 뜨겁던 현장은 처음이었습니다. 작은 역이든 큰 역이든 많은 이야기를 하며 매 현장이 즐거웠습니다. 촬영이 없을 땐 늘 '아! 〈거미집〉 현장 빨리 가고 싶다'라는 생각뿐이었습니다."

"자극적이고 보여주기 위주인 한국의 영화, 드라마 시장에서 〈거미집〉은 장르의 또 다른 시작이라 할 수 있습니다. 한국에서도 이런 장르의 예술을 할 수 있구나, 하고 말입니다. 〈거미집〉이 무한한 가능성이 있는 영화 예술로 기억되었으면 합니다."

분장팀장 조지승

　"〈거미집〉 촬영 현장에 있으면 오케스트라의 악기별 리허설 현장을 돌아다니는 느낌이 들었습니다. '여러 파트의 합으로 만들어지는 영화'를 만드는 영화이듯, 실제 촬영 현장도 여러 파트들이 분주하게 움직였는데요. 그 분주함에서 배우와 스태프들의 열정이 피부로 느껴졌습니다. 정말 즐거워하며 자신의 파트를 연주하는 분들을 매일같이 마주하며, 저를 많이 돌아보게 되기도 했고요. 오케스트라 음악은 하모니가 퀄리티를 증명하듯, 각 파트의 스태프들, 배우들이 조화를 향해 적극적으로 자신의 파트를 연주해 냈습니다.

　열정적인 사람들이 모여 자신에게 주어진 역할을 최대한으로 즐기며 해내는 것을 한 명의 오케스트라 단원으로서 경험할 수 있어 영광이었고, 또 영화를 보면서 무대 밖 관객으로도 하모니를 감상할 수 있어 참 즐거웠습니다."

의상팀장 김서현

촬영보조 조윤담

◀ "좋은 동료들, 좋은 스태프분들과 감독님을 만나게 되어 영광이었습니다. 〈거미집〉을 연기한 기억과 감각이 지금까지 제게 좋은 영향을 주고 있습니다. 연기적으로도 인간적으로도 종종 생각하면 매우 힘이 납니다. 무언가를 해내기 위해서 최선을 다하는 사람들에게 위로와 힘이 되는 영화로 남기를 바랍니다."

▶ "'한 아이를 키우려면 온 마을이 필요하다'라는 말이 있다. 〈거미집〉도 마찬가지다."

연출부 김영재

　"〈거미집〉이 세상에 나온 지 벌써 1년이 되었다. 촬영을 한 지 2년 하고도 반이라는 시간이 지난 것이다. 긴 시간이 지났지만 나에게 〈거미집〉은 여전히 소중한 작품이다. 〈거미집〉을 통해 정말 좋은 배우, 좋은 사람들을 알게 되었다. 촬영장에서 거의 막내였던 나는 선배님들과 이야기할 시간이 많았는데 주위 선배님들이 다들 따뜻하게 받아주셔서 편안하게 촬영에 임할 수 있었다."

　"〈거미집〉에서 뽈랑세깡스 장면은 클라이맥스이자 가장 중요한 장면 중 하나다. '김감독'의 열정과 주변의 역경, 그걸 헤쳐나가려는 노력, 예술에 대한 사랑, 사람들과의 협업 등 많은 요소가 얽혀 있는 장면이다. 단순히 그 장면뿐 아니라 영화를 만든다는 것, 그리고 더 나아가 삶을 살아간다는 것이 어쩌면 뽈랑세깡스가 아닐까 싶다."

　"삶에 피로감을 느낄 때, 한 번씩 꺼내보며 피식할 수 있는 그런 영화로 〈거미집〉이 남았으면 좋겠다."

조명보조2 남중규

"〈거미집〉 촬영을 하기 전 동경하던 김지운 감독님과 송강호 선배님을 뵐 수 있다는 사실에 너무 설렜었다."

"촬영이 시작되고 김지운 감독님께 직접 디렉팅을 받고 작업 방식을 지켜보고, 현장에서 송강호 선배님이 연기하는 모습을 본다는 것만으로도 배우로서 엄청난 배움을 얻었다. 영화 〈거미집〉 속 촬영 모습처럼 실제 현장도 감독님과 배우들, 그리고 스태프들의 치열한 노고와 땀이 모여 영화 한 편이 제작된다는 사실을 다시 한번 상기할 수 있었다. 코로나 이후에 관객들도 영화를 많이 찾지 않고 불황이 찾아왔는데 이 영화를 통해 불황이 사라지고 다시 도약할 수 있기를 고대한다. 또한 관객들도 김감독의 모습에서 꿈을 이루기 위해 치열하게 노력했었던 자신의 예전 모습을 되새기며 앞으로 나아갈 힘을 얻기를 바란다."

주임여공 이채령

  "처음 대본을 읽었던 때의 떨림이 생각나요. 영화관에서만 보던 감독님의 작품에 참여할 수 있어서 정말 두근거렸거든요. 사실 팬레터를 준비했었는데, 용기가 없어서 촬영 내내 주머니에 넣어두고 전해드리지 못해서 아쉬워요."

  "촬영 처음부터 끝까지 행복하지 않았던 적이 없는 것 같아요. 존경하는 분들과 함께 작업할 수 있어서도 행복했지만, 작은 것 하나까지 신경 써주셨던 스태프들의 배려에 진심으로 감동했거든요. 제게 〈거미집〉은 희망과 용기를 준 작품입니다. 당시 여러 고민이 많았는데, '김감독'이 영화의 결말을 바꾸려고 그토록 처절했듯이 걸작이 되려면 이쯤이야! 하고 불길 속으로 뛰어들어야 한다는 걸 다시 한번 느꼈어요. 함께할 수 있어서 행복했습니다. 〈거미집〉!"

영화사 여직원 정미형

문공부 직원 이진한

◀ "그때의 정미형이 영화에 남았습니다. 그리고 칸 엽서 위 김지운 감독님의 사인이 제 방 책상 위에 남아 매일 저와 서로 마주칩니다. 무엇보다, 영화적 순간 같았던 현장의 찰나들이 저에게 가장 깊게 남아 있습니다."

"어릴 때 친구들과 주고받던 손 편지를 모아놓은 자그마한 박스가 있는데 그 속에는 무언가에 정말 진실되고 아주 순수했던 마음들이 가득 담겨 있어요. 가끔 펼쳐보며 자신의 마음도 살필 수 있는 그런 영화로 남았으면 좋겠다는 건 제 바람일 뿐! 어떤 의미로든 관객분들 마음 언저리에 지긋이 은근히 오래 남기를 바랍니다."

▶ "〈거미집〉이 내게 남긴 것은, 좋은 경험이다.
사람들이 〈거미집〉을 보고 느끼는 것을 내가 어떻게 판단할 수 없지만, 친한 사람들에게 소개해 줄 때는 이 영화가 일반적으로 기대할 수 있는 상업 영화의 성격을 띠고 있지 않으며 '코미디' 워딩에 속지 말고 주인공의 감정선을 따라가 보라 말해주고 싶다."

"그러면 찰리 채플린의 '희대의 명언'이 영화화됐을 때 이런 모습이겠구나 하고 말해줄 수 있을 것 같다. 그리고 그렇게 느끼길 바란다."

스태프의 방
프로듀서의 방

"모두 다시 모여서 딱 이틀만 더 찍고 싶을 만큼 즐거운 촬영 현장이었습니다."

한 장소가 두 가지 상황으로 표현되어야 해서 촬영 준비에 많은 시간이 들었을 것 같아요.

같은 장소를 컬러와 흑백으로 촬영을 해야 하는 상황에 모두 적합한 세트의 컬러를 찾기 위해서, 프로덕션 디자이너와 의견을 나누고 완성 직전의 세트장에서 테스트 촬영을 진행했습니다. 그리고 후반 작업에서 단순히 컬러를 흑백으로 변환하는 방법만으론 원하는 느낌의 결과물이 나올 수 없다는 결론을 얻었습니다. 각각 완전히 다른 방식의 조명이 필요했습니다.

조명 사용에 대해 구체적으로 설명해 주실 수 있을까요?

명도의 차이만으로 화면의 깊이감을 만들어내야 하는 흑백 촬영에는, 당시에 실제로 쓰이던 텅스텐 조명을 주로 사용하여 대상의 윤곽과 그림자가 도드라지는 화면을 만들었습니다. 그와는 상반되게, 컬러 신들은 상대적으로 부드러운 성질의 조명을 사용해서 70년대풍의 화려한 세트의 컬러가 배경의 깊이감을 만들도록 했습니다.

본격적으로 촬영에 들어갔을 때에는 어떤 부분에 중점을 두고 찍으셨나요?

흑백의 신들은 표현적이고 과장된 느낌의 다소 엄격하게 짜여진 구도에 중점을 두었다면, 컬러 신들은 배우들의 동선을 최대한 자유롭게 두어 훌륭한 앙상블의 순간을 포착하는 데에 중점을 두었습니다.

" '거미집' 이라는 명확한 콘셉트에 자유도가 높은 작업이라 굉장히 즐거웠어요."

프로덕션디자인 전체 콘셉트에 대해 감독님이 따로 이야기해 주신 것이 있나요?

1970년대 영화 촬영소와 영화 현장의 모습을 리얼하게 담으려고 애를 썼어요. 그런데 무엇보다 세트가 세트인 게 직관적으로 드러나야 하는 영화이기 때문에, 표현주의적이고 무대적으로 보였으면 좋겠다는 생각으로 작업했어요. 더군다나 세트의 동선도 중요하기 때문에 감독님과 콘티를 보면서 세트들의 배치나 무대적으로 보여질 수 있는 요소들을 많이 고민했던 것 같아요.

말씀해 주신 콘셉트 중 동선의 의미는 무엇인가요?

극중극 〈거미집〉 촬영을 하다가 컷하면 똑같은 영화 세트들이 그대로 무대처럼 보이는 장면 같은 거요. 저희 세트장이 그렇게 크지 않았는데, '김감독'이 도망가는 장면이나 촬영을 끝내고 이동하는 모습 등을 담으려면 동선을 효율적으로 배치해야 했어요. '호세'나 '유림'이 대화할 때라든지, 스태프들과 '김감독' 간에 고민하는 장면이라든지 내부에 은밀한 공간이 좀 필요했는데요. 설계 안에 넣기에는 역부족이어서 그때그때 가벽이나 소품들로 드레싱을 해서 없는 공간도 계속 만들어가며 찍었어요.

1970년대 배경 영화라 작업하는 데 어려움이 없으셨나요?

영진위도 가고, 영화박물관도 가고, 그 시기 다른 영화들도 정말 많이 봤지만 생각보다 자료가 많지 않더라고요. 그래도 그 시기 한국영화들을 보면서 많이 상상해 나갔죠. 아무래도 영화 촬영소 장면이다 보니까 그 전 시대 영화까지 많이 찾아봤는데, 오히려 그때의 세트가 정말 다양하고 자유분방하더라고요. 그래서 저희도 영화에 맞게 아예 재창조하자고 결정해서, 마감재 같은 것들도 저희가 다 만들고, 텍스처도 일부러 더 내려고 했죠.

**흑백과 컬러를 오가는 작업이라 더 공들이셨
을 것 같아요.**

흑백 안에서 명암 대비를 주려고 컬러를 넣은
부분이, 컬러로 봤을 때는 안 맞기도 해서
고민이 많았죠. 70년대 촬영 장비가 남아
있지 않아서 조명기 같은 것들은 다 해외
에서 구입해 왔고요, 작은 것들은 다 드레
싱해서 옛날 것처럼 보이게 제작했죠.

**색상 중에 그린이 많이 들어간 것 같은데요.
메인 컬러는 어떻게 결정하셨나요?**

네 맞아요. 명암 대비를 확실하게 주는 게 가장
중요했고, 그러면서 그 시대가 가지고 있
는 묘한 느낌을 많이 살리려고 했어요. 그
런 의미에서 그린이 중요했어요. 명암 대
비, 보색 대비가 확실하게 들어가는 컬러
라 시대와 잘 어울려서요.

포스터도 다 직접 제작하신 건가요?

네, 남아 있는 포스터들이 쓸 수 없는 화질이어
서 미술팀이 영화에 맞게 그려서 제작했어
요. 흑백 포스터까지 합하면 한 30장 정도
그린 것 같아요(웃음).

**뽈랑세깡스 장면에 미술팀의 역할이 중요했
을 것 같아요.**

저희가 프리프로덕션 때 이야기했던 것보다는
살짝 아쉽게 나왔어요. 뽈랑세깡스를 위해
서 세트 문을 여닫는 방식을 바꾼 것도 있
고, 가구 같은 것도 잘라놨다가 앵글이 빠
져나오면 붙이고, 동선에 맞춰서 세트가
움직이는 것 등등 많이 만들어놓았었는데
요. 아무래도 실제 현장에서 표현할 때는
크게 활용되지 않았어요. 미술로 크게 도
움을 드리지 못한 것 같아 죄송한 마음이
조금 있죠.

극중극 〈거미집〉과 촬영 현장 〈거미집〉 간에
차이가 있어야 할 텐데요. 어떻게 만드
셨는지 궁금합니다.

극중극 세트는 하나의 캐릭터처럼 보였으면 좋
겠다는 생각을 했거든요. 저희 영화가 인
간의 욕망에 대한 이야기니까 거미를 통해
욕망을 형상화해 보려고 했어요. 실제로
70년대 세트들이 규격화되어 있지 않아
서, 비전형적인, 유기체처럼 보였으면 좋
겠다는 생각으로 미술을 진행했습니다. 좀
더 구체적으로 말해보자면 자재 규격이 지
금이랑은 다른 부분이 있어서 고증하면서
하나하나 칠하기도 했고요. 요즘에는 타
카를 많이 쓰는데, 일부러 못을 박는다든
지 해서 70년대 세트처럼 보일 수 있게 노
력했어요. 아무래도 그 시대만의 색감이나
텍스처를 만들려고 굉장히 표현주의적인
테스트를 많이 해봤죠. 반면 영화 속 스튜
디오는 고증을 위해서 벽면을 가리고 제지
천으로 세트장 전체를 다 씌웠거든요. 실
감이 느껴져야 하는 공간이다 보니, 밀도
감이나 생활감을 많이 줘서 리얼해 보이도
록 작업했습니다.

**거미를 형상화했다는 표현이 인상적입니다.
조금 더 구체적으로 설명해 주신다면
요?**

전체 콘셉트가 공간에 거미를 형상화한 것이다
보니, 대부분의 세트장에 그런 요소들이
들어가 있어요. 가령, 봉제공장은 거미줄
을 뽑아내는 거미의 배 안에 들어온 것 같
은 형상을 만들려고 했고요. 성당은 '김감
독'이 구원을 비는 공간이자, 성공하고자
하는 욕망에 쫓기는 공간이에요. 그래서
그런 시선을 표현하기 위해 스테인드글라
스를 눈처럼 보이게 했고, 고해소 안의 문
은 거미의 눈 형상에서 가져왔어요. 고목
나무는 '유림'이가 모성애를 드러내는 장
면이라 알을 품은 거미 형상을 나무로 만
들어봤고요. 집은 아무래도 욕망의 정점인
공간이기 때문에 직접적으로 거미를 많이
표현하려고 했는데요. 예를 들어, 천장의
창문 프레임에 조명이 들어오면 명암이 거
미줄처럼 보여서 인물들이 거미줄에 갇혀
있는 느낌을 주는 거죠. 서재도 안에 보면
금고 문이 있거든요. 금고 문이 거미의 눈
처럼 보이게 작업해 봤어요. 후반부에 거
기서 액션 신이 벌어지는데 그 상황을 빤
히 관찰하는 거미인 셈이죠.

배우분들은 나선형 계단을 제일 마음에 들어 하시더라고요.

거미줄이 나선형이니까 계단도 나선형으로 설계했어요. 마지막에 유림이가 계단에서 굴러떨어지면서 파국의 결말을 맺잖아요. 욕망의 미궁에 빠지는 모습을 표현하고 싶었던 건데, 길이가 짧아서 약간 아쉬움이 남았습니다.

의상실, 분장실, 사무실 등 공간별로 잡은 콘셉트도 다를 것 같아요.

의상실과 분장실은 배우들이 다 모이는 공간이고, 심지어 여러 인간 군상을 표현하고 만들어내야 하는 곳이잖아요. 그래서 수많은 인물이 다녀간 흔적이라든지, 분장 전과 후가 달라지는 모습을 담아내려고 했어요. 사무실의 경우에는, 아무래도 신성필름이 그 딩시 잘나가는 사무실이라는 점을 표현해 주고 싶었어요. 잘 보이지는 않았겠지만 영화 수익이 잘 나왔다든가, 기존 사진을 합성해서 쓴다든가 하는 디테일한 부분까지도요. '김감독'의 방 같은 경우에는 '김감독'이 영화에 몰두하고 빠져 있다는 느낌을 주기 위해서 콘티와 시나리오북들을 덕지덕지 붙여놓았죠. '김감독'이 얼마나 〈거미집〉에 매여 있는지를 표현하려고 애썼습니다.

말씀을 듣다 보니 세트가 참 많은 영화라는 생각이 드네요.

그쵸. 사실 세트가 더 많았는데(웃음) 시나리오 수정하면서 더 줄어든 것도 있고 더 생기

기도 했어요. 저는 세트가 많아서 부담이 된다기보다는 '거미집'이라는 명확한 콘셉트에 표현할 수 있는 방식이 많아서 즐거운 게 더 컸던 것 같아요. 어떻게 보면 늘 비슷한 세트만 하다가 최대한 상상력을 발휘해서 표현주의적인 세트를 해볼 수 있어 너무 행복한 경험이었습니다.

미술감독의 입장에서 가장 공을 많이 들인 공간은 따로 있을 것 같아요.

한 번도 본 적 없는 세트를 만들고 싶었어요. 그래서 텍스처나 컬러에 대한 부분도 정말 정말 많이 고민을 했고, 모든 형태가 어우러졌을 때 공간이 살아 있는 것 같은 느낌을 주기 위해 공을 많이 들였어요. 사실은 고목나무조차도 저희가 스티로폼을 하나하나 깎아서 만든 건데요, 70년대다 보니까 지금의 시각에서는 좀 허술해 보이는 부분들이 있잖아요. 의도된 허술함의 지점까지 구현하는 게 어려워서 기억에 많이 남죠. 고민을 많이 하고 끝까지 애태우던 부분이었으니까요.

김지운 감독님과의 호흡은 어떠셨나요?

김지운 감독님께 되게 감사하죠. 저희가 처음에 거미를 모티브로 공간을 가져왔을 때 감독님께서 "기승전 거미구나! 근데 재밌다!"라고 말씀해 주셨어요. 시간이 되게 촉박했는데도 불구하고 작업이 속전속결로 이루어졌던 거는 감독님이 지지해 주시고, 디자인을 좋아해 주셔서 가능했다고 생각하거든요. 물리적인 시간은 부족했지만, 잘 마무리된 것 같아 너무 기쁩니다.

감독님께서 따로 주문한 부분은 없었나요?

세트의 디자인적 요소에는 크게 개입하지 않으
셨고, 다만 아까 말씀드렸던 세트 바깥의
은밀한 공간 같은 부분이 갑자기 필요해지
긴 했죠. 근데 저는 감독님이 뭔가를 요구
하실 때 전적으로 수긍하는 편이에요. 어
떤 장면의 어떤 느낌이 필요하기 때문에
새로운 무언가가 필요하다는 말씀을 정확
하게 해주셔서요. 이번에도 갑자기 요청하
시긴 했지만, 감독님이랑 소통한 대로 잘
나온 것 같아요.

모든 작업이 그렇겠지만, 특히나 이번 작업
은 미술감독으로서 책임감과 부담감이
막중했을 것 같아요.

정말 욕심을 내서라도 꼭 하고 싶었던 작업이었
어요. 작업 과정에서 힘든 일은 없었는데,
오히려 시간이 촉박해서 힘들었어요. 서희
가 프리프로덕션을 시작하자마자 세트를
짓고, 세트를 지으면서 수정하고, 수정하
면서 감독님이랑 동선 짜고 계속 그랬거든
요. 김지운 감독님도 이렇게 3D로 계속 들
여다보면서 하는 작업이 처음이지 않을까
싶어요. 그런데 정말 힘들기만 한 현장은
아니었어요. 자유롭게 표현할 수 있는 작
품을 만나서 미술감독으로선 너무 행운이
었습니다.

"착수할 때만 해도
'인간의 욕망'에
관한 영화라고
생각했거든요.
근데 막상 작업해
보니까 결국 사람 사는
이야기였구나 싶어요."

〈거미집〉 분장 콘셉트를 정할 때 가장 신경 썼던 부분은요?

〈거미집〉은 흑백과 컬러가 공존하는 영화잖아요. 컬러 부분에서는 채도를 이용한 메이크업을 했는데, 흑백 부분으로 들어가니까 명도 차가 나야 레이어드의 깊이감이 살더라고요. 같은 메이크업을 하더라도 어떨 때는 흑백으로 찍고 어떨 때는 컬러로 찍는데, 흑백으로 찍을 때는 조명이 세게 들어가는 등의 변수가 발생해요. 전체적인 밸런스를 어떻게 맞춰야 하는지에 대한 고민이 있었죠. 1960~70년대 유행했던 스타일만 활용하면 아무래도 촌스러운 느낌이 들어서 최근의 레트로 경향과 믹스해서 접근했던 것 같아요.

송강호 배우의 경우에는 여태까지의 작업과는 조금 다른 것 같아요.

맞아요. 감독님께서도 송강호 배우의 기존 이미지와는 최대한 다른 느낌을 내길 원하셨어요. 근데 송강호 배우는 여러 스타일을 너무 많이 했던 분이라(웃음) 안 해본 스타일을 찾기 되게 어려웠어요. 일단 흰 수염이 희끗희끗 난 노장의 감독 같은 느낌이 들었으면 좋겠다는 생각으로 접근했고요. 군인이나 공무원이 말끔한 커트 머리를 하고 다녔던 거에 비해, 그 당시의 엘리트층들은 장발이 많았잖아요. 영화 예술을 하는 사람이라면 머리가 길어도 괜찮겠다는 생각으로 긴 머리에 곱슬기를 더해봤죠.
감독의 고뇌나 집념, 고집스러움을 표현하려고 곱슬머리에 흰머리를 좀 넣고, 희끗희끗한 수염을 더해 표현했어요. 이런 느낌으로

가면 감독이 고뇌하는 느낌이 들지 않을까 싶어서요. 오히려 분장보다는 '어떤 감독이었을까?' '김감독이 왜 이런 영화를 찍으려 했을까?'라는 질문으로 시작했던 것 같아요.

극중극의 내용이 바뀌면서 임수정 배우의 메이크업도 다채롭게 변화하는 것으로 보입니다.

초반의 '이민자'는 순종적인 여자 느낌을 내려 누드톤의 차분한 메이크업을 했고요. 결말이 바뀌고 나서부터는 되게 강한 메이크업을 하게 돼요. 근데 의상 같은 기본적인 것들이 바뀌는 건 아니어서 아예 다른 메이크업을 한다기보다 기존 메이크업을 더 진하게 하는 방식을 택했어요. 시대보다 더 올드한 느낌으로 갔어요. 1930~40년대 '라나 터너'라는 배우의 빅토리 롤(VICTORY ROLLS, 얼굴을 감싸는 구불구불한 컬)을 모티브로 콘셉트를 잡았어요. 이민자가 극중극에 흑백으로 나오니까, 흑백 작품에 많이 나온 라나 터너의 모습을 많이 찾아봤죠.

'강호세'의 구레나룻이 인상적이에요.

한국 배우로는 신성일, 한진희를 모티브로 삼았고요(웃음). 해외 배우 중에는 엘비스 프레슬리를 참조했죠. 그 시대의 남성상, 그러니까 두 집 살림하고, 결혼은 했지만 마음 한편에 사랑을 가지고 있는 전형적인 남성이 옛 드라마나 영화에 되게 많이 나왔잖아요. 그런 작품을 참고했던 것 같아요.

'미도'의 콘셉트를 잡기가 쉽지 않았을 것 같아요.

시나리오를 읽었을 때, '미도'는 그냥 커트였어요. 우선 그 시대에는 일하는 여성이 많지 않았고, 남자들 사이에서 목소리를 낼 수 있으려면 매니시한 느낌이 좋을 거라 생각했어요. 여자가 일하기 힘든 영화 현장에서 목소리를 내려면 '여장부' 같은 느낌이 들어야 한다고 생각했거든요. 그래서 자연스럽게 매니시한 콘셉트를 잡았던 것 같아요. 매니시한 느낌으로 뭐가 좋을까 했을 때, 곧바로 커트 머리를 떠올렸고요. 메이크업 자체도 누디하게 가되, 눈만 좀 진하게 해서 '트위티' 같은 느낌, 여성성은 가지고 있지만 남성들 사이에서 튀지 않는 느낌으로 가져가는 게 중요했어요.

'오여사'와 '백회장'은 중년의 일하는 여성임에도 스타일에 차이가 있는 것 같아요.

'오여사'는 자기 욕망을 위해서 남편도 쓰러뜨리는 설정이잖아요. 고전 영화 배우 중 한 명인 수잔 브라운을 모티브로 삼았죠. 귀부인보다는 욕망에 찬 여성의 표본으로 표현하고 싶었어요. '오여사'가 복고적인 웨이브라면, '백회장'은 머리카락 하나 빠져나오지 않는, 찔러도 피 한 방울 안 나올 것 같은 이미지를 챙겨보려고 했죠. 일단 '백회장' 같은 경우에는 퍼스트레이디 같은 느낌으로 갔어요. 그 시대에 여성 회장이면 되게 세게 보여야 할 것 같은 생각이 있었고요, 그래서 눈꼬리도 올라가고, 헤어도 빈틈없는 업스타일을 시도해 봤어요.

극 중에서 가장 외적으로 드라마틱한 변화를 갖는 인물은 아무래도 '한유림' 아닐까 싶어요.

'유림'은 여공으로 들어왔고, 여공에서 '호세'의 부인이 되었다가, 쫓겨났다가, '이민자'와 연대했다가 적대하는 히스토리가 있는 인물이잖아요. 그래서 각각의 히스토리에 맞게 연출했어요. 여공일 때는 순수하게, 그러면서도 눈빛은 살아 있어서 여우 같은 느낌을 주고, 부인이 되었을 때는 과감한 메이크업과 헤어로 여자의 욕망을 표현했죠. 그런데 집에서 쫓겨난다고 해서 갑자기 욕망이 없어지는 건 아니잖아요. 한번 맛들린 욕망과, 그에 걸맞는 화려함을 엔딩까지 연속적으로 가져갔죠.

작업하면서 인상적인 에피소드가 있었나요?

시대물이다 보니 남자 배우들은 대부분 가발을 많이 썼어요. 어느 날 감독님이 "이 사람은 가발이야? 본인 머리야?"라고 하시더라고요. 가발을 쓰면 부자연스럽다고 하시고, 그래서 가발을 안 쓰면 너무 현대적이라고 하시고(웃음). 그런데 가발의 촌스러움이 눈에 익으니까 나중에는 자연스럽게 적응했던 것 같아요. 어려웠던 점은… 사극이 아닌 이상 모든 배우가 분장을 하지는 않거든요. 그런데 저희는 한 분 한 분 다

분장을 해야 했으니까요. 주연 배우 분장 시간이 오래 걸리다 보니, 다른 배우분들께서 기다리는 시간이 길었어요. 그런 게 좀 죄송했죠.

김지운 감독님과는 호흡이 잘 맞으셨나요?

감독님은 주연 캐릭터뿐만 아니라 지나가는 인물까지도 분장 콘셉트를 다 확인하세요. 의상 피팅부터, 머리는 이 정도로 잘랐으면 좋겠다라는 코멘트까지도요. 보통 다른 감독님들은 조단역까지는 크게 신경 쓰시지 않거든요. 〈좋은 놈, 나쁜 놈, 이상한 놈〉 할 때도 귀시장파, 창이파 같은 조직이 있었는데, 그때도 한 사람 한 사람 다 콘셉트를 공유하고, 피팅해 보면서 작업했었거든요. 이번에도 그렇게 했던 것 같아요.

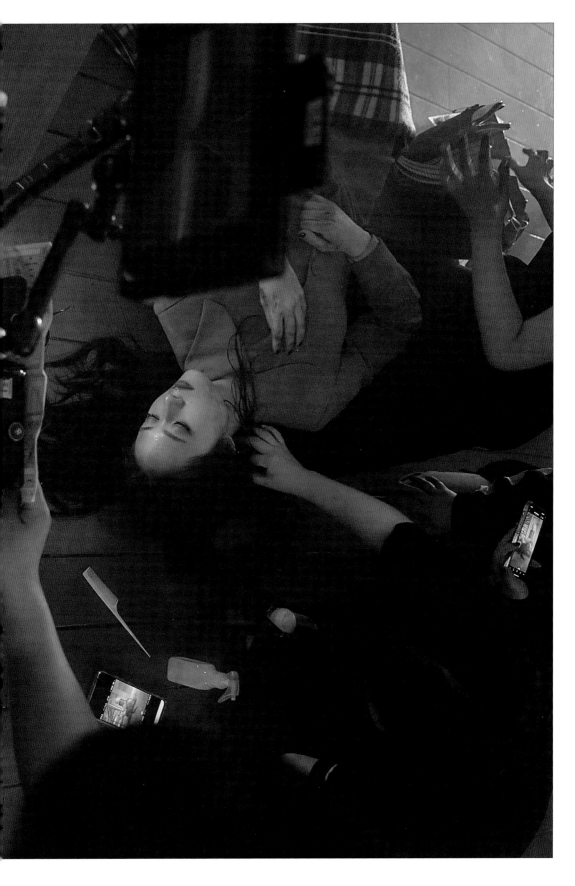

277

"영화와 영화 속 영화, 두 편을 작업하고 있다는 생각으로 임했습니다."

의상실장으로서 〈거미집〉은 70년대를 배경으로 한 시대극이자, 영화 배우의 배역 의상과, 현장에서의 배우 의상, 현장 스태프 의상 등이 섞여 있는 독특한 작업인 것 같아요. 작업에서 가장 염두에 두신 부분은 어떤 부분이었나요.

다른 작품들과 달리, 여러 인물들이 한 공간에 등장하는 신이 많은데 개성이 강한 캐릭터들을 어떻게 균형감 있게 전달할 수 있을지 중점에 두고 작업했어요.

70년대 작업이다 보니 자료 조사도 많이 하셨을 것 같아요.

고전 영화들도 많이 봤어요. 그런데 스태프들에 대한 자료는 거의 찾을 수 없다는 게 예상 외로 난감했죠.

감독님이나 미술감독님과 상의한 의상 콘셉트가 있었나요?

감독님은 시대극처럼, 그러니까 70년대 분위기를 온전히 느낄 수 있게 해달라고 요청하셨어요. 70년대는 한국뿐만 아니라 전 세계가 화려하고 멋과 낭만이 있던 시기였으니, 스태프 한 명 한 명까지 그런 느낌이 나게 구현해 달라고요. 미술감독님과는 색 조합 위주로 많이 의논했던 것 같아요. 인물도 많고, 세트, 미술, 의상이 전부 화려하다 보니 조금만 잘못해도 조화가 깨지니까요.

시대극인 만큼 의상도 많이 제작하셨을 것

같아요. 총 몇 벌 정도 제작하셨나요?

구할 수 있는 옷이 아예 없다는 게 장점이자 단점이었죠(웃음). 극 중에서는 하루이틀 사이에 일어난 일이긴 하지만, 신별로 의상이 다르고, 극중극이 있고, 현실 의상이 있고 그러니까 거의 백 벌 이상 제작했던 것 같아요. 아마 조단역 의상까지 합하면 아마 이백 벌 정도 작업하지 않았으려나요. 〈거미집〉은 두 가지 이야기가 나오잖아요. 그래서 영화 한 편 작업하는 게 아니라, 영화와 영화 속 영화 두 편을 작업한다는 마음가짐으로 했어요. 의상 콘셉트도 영화는 70년대 고증 중심으로 가되, 극중극은 조금 더 영화적인 상상을 가미한 스타일을 만들어보려 했죠.

'김감독'의 보라색 패턴 셔츠가 인상적이에요. 어떤 부분에 중점을 맞춰서 제작하셨나요.

우선 감독이라는 자리를 떠올려봤을 때, 굉장히 외롭고 고뇌하는 시간이 길 거라고 생각했어요. 그러다 보니 맥코트 한 벌을 입고 걸어가는 쓸쓸한 '김감독'의 모습이 자연스럽게 떠올랐죠. 쓸쓸한 모습을 만들기 위해서 '김감독'을 단벌 신사로 설정했는데, 그래도 '김감독'만의 시그니처가 있었으면 좋겠다고 생각했어요. 걸작을 만들기 위해 고뇌하고 갈망하는 그런 느낌들을 보라색 셔츠에 부여하고 싶었던 것 같아요. '김 감독'이 작품에 몰입할수록 셔츠가 도드라지는 느낌을 가져가고 싶어서 셔츠 패턴을 고심해서 골랐어요.

'김감독'을 제외하면, 한 인물이 배우와 배역을 동시에 연기해야 해서 의상에서도 전략적인 접근이 필요했을 것 같아요.

네 맞아요. 70년대 배우들 사진을 보니까 스타일이 되게 좋으시더라고요. 그래서 배우 의상은 화려하고 멋있게 가는 걸로 잡았고, 배역 의상의 경우에는 극중극이 욕망에 관한 영화이다 보니 인물별로 갖고 있는 욕망에 초점을 맞췄던 것 같아요.

주연 배우들의 의상 콘셉트에 대해 간략하게 말씀해 주신다면?

'이민자'는 본연의 모습을 드러내지 않고 있다가 후반부에 가서 복수의 화신으로 변화하잖아요. 의상도 이에 맞춰서 정숙한 셋업 슈트와 강렬한 레드 원피스로 정해봤어요. '유림'이는 '민자'와 대비되는 세팅이면 재밌을 것 같아서, 순수하지만 관능적이고 도발적인 느낌을 추구했어요. '민자'가 체형에 핏되고 딱 떨어지는 실루엣의 옷이라면 민자는 여성스럽고 부드러운 느낌을 더했죠. '호세'는 고전 영화에 나오는 전형적인 카사노바 룩인데, 클래식한 정장에 로맨티스트 면모가 보이는 매력을 살려봤어요. 마지막으로 '오여사'는 시대 변화에 발맞추지만 고전적이고 가부장적인 마인드가 남아 있는 표독한 시어머니 캐릭터라고 봤기 때문에 동서양이 혼재된 느낌을 내봤어요. 한복을 입되, 숄을 걸친다든지요. 여전히 구시대에 머물러 있는 느낌을 주고 싶었던 것 같아요.

'신상호' 감독님 의상도 인상적이었습니다.

모티브가 된 신상옥 감독님의 사진을 많이 살펴봤거든요. 당시 촬영 현장 사진을 찾아보면 대부분 슈트에 스카프를 걸치시고, 색안경을 끼고 계시더라고요. 지금의 우리가 상상하는 감독의 이미지와는 거리가 먼데, 스타일이 너무 강렬해서 가지고 오지 않을 수 없었습니다.

'이민자'와 '한유림'의 스타일이 대비되는 것처럼, 신성필름의 '백회장'과 '미도'의 스타일도 대척점에 있는 것처럼 보여요.

네 맞아요. 두 여성 제작자 모두 신여성 느낌인데, 스타일에는 구분을 두면 좋겠다고 생각했어요. 구세대와 신세대처럼요. '백회장'은 해외 출장도 많이 다니고, 노련한 비즈니스 감각을 갖고 있는 여성이잖아요. 셋업 정장이나 셋업 스커트 같은 비즈니스 룩을 입히되 부에 대한 욕망이나 과시를 화려한 패턴으로 표출하고 싶었어요. 반면 '미도' 같은 경우에는 당돌하고 진취적인 신세대 느낌이라 중성적인 스타일링을 선택했어요. 자료를 찾다 보니 70년대 영화 촬영 현장에 여자 촬영 감독님이 있었는데 지금의 '미도' 같은 차림이신 거예요. 미도 스타일에 더 확신을 가질 수 있었죠.

반면, 스태프 의상은 레퍼런스를 찾기 어려웠을 것 같아요.

네 그게 제일 어려웠어요(웃음). 그런데 이분들은 사실 저희들의 이야기이기도 하잖아요. 각 팀의 특성을 알고 있기 때문에 거기에서 시작했던 것 같아요. 가령, 의상팀이나 분장팀은 '쎈캐'로 만들어봤어요. 70년대에 영화를 하는 친구들이니까 낭만도 있고 멋도 있었을 것 같은데, 포크가 유행했으니까 훨씬 더 멋을 부리고 다니지 않았을까? 연출부는 조금 더 공부를 잘할 것 같은 느낌(웃음)? 제가 영화 현장에 들어온 지 얼마 안 됐을 때만 해도 제작부는 전대를 매고 다녔어요. 이런 기억들을 끄집어내서 원로 제작자분들에게 여쭤보고 다녔죠. "그 당시에 전대를 찼나요?" "전대를 왜 찼죠?" "왜 돈다발을 들고 다니셨죠?" 이런 디테일들을 하나하나 수집해 갔어요.

촬영 현장에서 재밌는 에피소드도 많았을 것 같아요.

감독님이 불러서 가면 "의상팀이 옷 받는 거 시범 좀 보여줘라" 이러세요. 의상팀이 시범을 보여주면 배우들이 보고 따라 하고(웃음). 피팅할 때도 "우리 일은 이렇게 하는 거야~" 하고 설명하기도 했는데요, 그런 게 좀 재밌었던 것 같아요. 사소한 행동 하나에도 노하우나 습관이 배어 있으니까요.

김지운 감독님과 작업하면서 어려운 점은 없었나요?

감독님의… 어떤 점이 힘드냐고요? 이런 거 솔직히 말해도 돼요(웃음)? 의상을 확정해도 여벌이 있어야 한다고 하셔서 그런 점이 조금 힘들었죠. 정하고 나도 끝이 아니니까(웃음). 아무리 사전에 준비를 해둬도, 감독님은 현장에서 영감을 많이 받으시는 것 같거든요. 즉석에서 추가적으로 제안하는 경우가 많으신 편이라, 저도 대비를 많이 해두는 편이죠.

285

"〈거미집〉을 편집하면서 제게 영화가 무엇이었는지, 그리고 영화를 편집하는 것이 얼마나 소중한 특권이었는지 다시금 깨닫게 되었습니다."

〈거미집〉 편집에 있어서 가장 중요했던 점은 무엇인지요. 감독님과 나누신 이야기가 있다면 궁금합니다.

어떻게 하면 메인 드라마와 극중극을 흥미롭게 융합시키느냐가 편집에서 가장 중요한 포인트였습니다. 두 개의 드라마가 따로 분리되지 않고 유기적으로 결합되면서 생기는 영화적인 재미를 만들 수 있는지 고민했습니다.

극 중 영화와, 영화 밖 현장. 이중의 구조로 영화가 전개되고, 관객 또한 이중의 재미를 느낄 수 있는데요. 둘 사이의 편집의 리듬감이 차이가 있었나요.

영화 속 영화는 그 시대 고전 편집 방식의 느낌을 주려 했습니다. 그래서 숏들의 편집 리듬도 조금 더 투박하고 과감하게 진행했고요. 연출 방식과 촬영 음악 모두 고전 영화의 형태를 가지고 있었죠. 편집자로서 다시 고전 영화들을 공부하고 재해석할 수 있었던 흥미로운 작업이었습니다.

편집하면서 가장 신경 쓴 시퀀스가 있다면 어떤 시퀀스일까요?

아무래도 클라이맥스 시퀀스에 해당하는 뺄랑세깡스 촬영 현장 장면입니다. 이 영화의 모든 요소가 이 시퀀스를 위해서 달려왔기 때문에 다른 시퀀스보다 신경 쓸 수밖에 없었습니다. 후에 보여지는 영화 속 영화에서 뺄랑세깡스와 직결되는 신이기도 하기에 촘촘한 숏 구성과 촬영장에서 느껴지는 현장감을 살리는 게 중요한 신이었습니다.

그리고 동시다발적으로 일어나는 소동도 완벽한 타이밍에 음악과 함께 전개되어야 해서 영화적인 리듬이 아주 중요했던 신이었습니다. 실제 촬영된 소스도 분량이 꽤 있는 편이어서 압축해서 핵심적인 숏들로만 구성하는 것도 나름의 도전이었습니다.

영화 만들기에 관한 영화입니다. 칸에서 영화를 본 어떤 평론가는 '내가 영화를 이렇게 사랑하는데, 영화는 왜 나를 사랑해 주지 않는 것인가'에 관한 영화인 것 같다는 감상을 남기기도 했는데요. 영화를 하시는 입장에서 이 작품이 어땠는지 궁금합니다.

〈거미집〉은 저에겐 단비 같은 작품이었습니다. 코로나 시기 영화들의 극장 개봉이 불투명하고 OTT 중심으로 작품들이 포진되던 시기였죠. 저 역시 그 시기 여러 OTT 작품들을 편집했고요. 그래서 〈거미집〉을 편집하면서 나에게 영화가 무엇이었는지, 그리고 영화를 편집하는 것이 얼마나 소중한 특권이었는지 다시금 깨닫게 되었습니다.

앙상블이 중요한 영화였습니다. 편집하실 때 캐릭터별로 중요하게 생각했던 부분이나 특징이 있었는지 궁금합니다. 혹은 멀티 캐릭터 앙상블이란 점이 편집에 미친 영향이 있다면 무엇일까요?

〈거미집〉은 '김감독'을 중심으로 많은 인물들이 얽히고설키는 영화였습니다. 하지만 이야기의 메인 포커스는 늘 '김감독'입니다. 그와 마주하는 여러 캐릭터들이 얼마나 조화롭게 그의 이야기에 유기적으로 스며들고 영향을 주는지가 편집에서 가장 중요한 요소였습니다. 각 캐릭터들을 잘 소화해주신 배우분들 덕분에 감독님과 좋은 테이크를 고르는 재미가 있었습니다.

또한 제한된 공간 안에서 주어진 타임라인 내에 펼쳐지는 소동극이기도 합니다. 편집하시면서 이런 점들이 영향을 미친 바가 있는지요?

제한된 공간에서 벌어지는 소동극이라 혹시라도 관객들이 답답해하거나 단조롭게 느끼지 않을까 걱정이 되었죠. 그래서 이러한 단점들을 극복하기 위해 최대한 밀도 있고 촘촘하게 편집하려고 노력한 것 같습니다. 한 컷 한 프레임도 낭비되지 않도록 세심하게 숏들을 들여다봤습니다. 소동극 안에서 펼쳐지는 영화 속 영화의 적절한 구성과 배치 역시 이런 단조로움을 극복하기 위해 많은 공을 들인 부분이기도 합니다.

김지운 감독님과는 여러 차례 작업을 하셨습니다. 〈라스트 스탠드〉의 현장 편집을 하신 이래 감독님의 전 작품의 편집을 담당하셨다고 해도 과언이 아닌데요. 〈거미집〉 작업 소감이 궁금합니다.

김지운 감독님과 함께 한 많은 작품 중 가장 재미있게 작업한 작품이 아닐까 싶습니다. 편집 중에 영화를 보는 재미를 느끼는 일은 결코 흔하지 않거든요. 아마 코로나 시국을 겪으면서 극장 개봉을 전제로 한 영화도 오랜만이었고 그간 김지운 감독님 작품치고 큰 영화가 아니라서 큰 압박감이 없어서인지 나름대로 즐기면서 편집한 작품이었습니다. 그리고 개인적으론 송강호 배우님과 김지운 감독님의 가장 이상적인 앙상블을 느낄 수 있었던 작품이 아니었나 싶습니다.

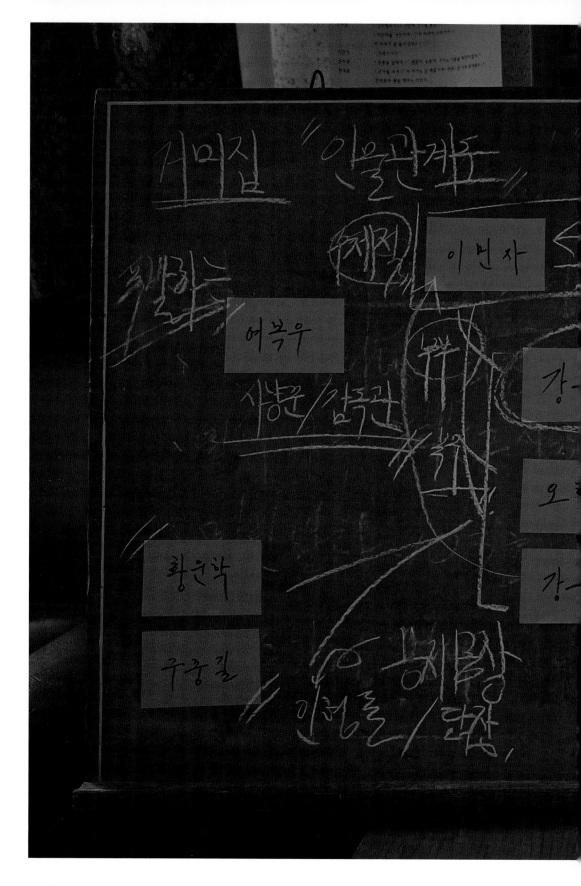

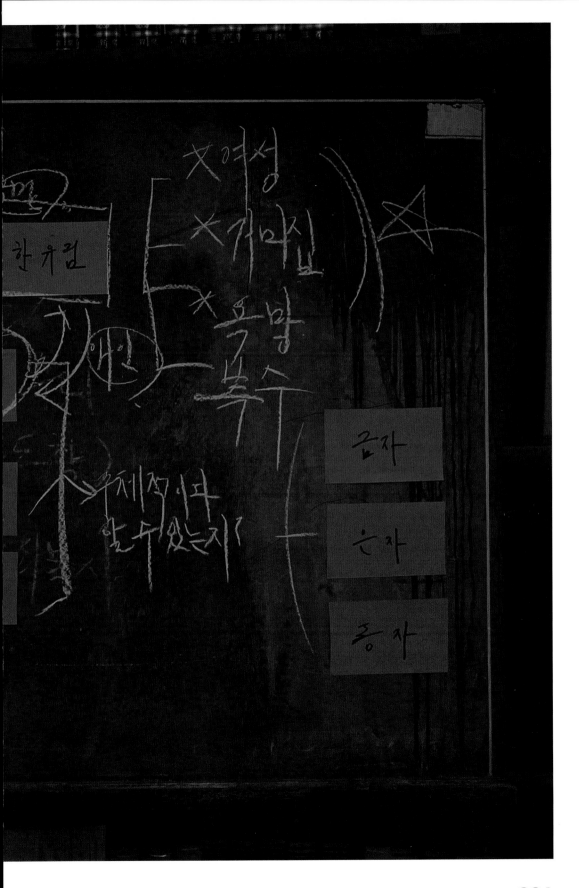

선명하게 떠오르는
기억들과 아스라한
느낌으로 뒤섞인
황홀했던 순간들로
가득했던 〈거미집〉의
순간들

세상에! 〈거미집〉 개봉 1주년이라니(시간은 빠르게 흐르고 나는 그대로 있다…). 뜻깊은 1주년이니만큼 〈거미집〉 책 출간과 1주년 상영회까지 기획하고 있다고 하니 더욱 의미가 있어질 것 같다. 그리고 오랜만에 함께했던(보고 싶었던) 분들을 만난다는 생각에 벌써부터 기대가 된다. 아직(?) 1주년이지만 〈거미집〉은 시간이 지나면 지날수록 작품만이 가지고 있는 특별한 매력이 더 커지는 것 같다. 시간이 흘러도 예전의 클래식 음악들을 아끼고 좋아하는 것처럼 분명 〈거미집〉도 이따금씩 생각나서 찾아보고 음미하는 영화가 될 것이고 여러 작품의 레퍼런스가 될 것이라 생각한다. 작품뿐만 아니라 〈거미집〉의 모든 것들이!

〈거미집〉 제작 기간 동안의 여러 순간들 중 파편처럼 스쳐 지나가는 몇몇 순간을 느낌대로 적어보았다(몇 장의 사진과 함께).

지금은 아니지만 때는 바야흐로,
세상 혼란스러웠던 COVID-19로 체온 체크하고 진단키트를 사용해 코를 찌르고 재채기가 나오려는 걸 참고 눈물 찔끔했던 시기,

▶ 김지운 감독님과 세트장 고양이.

세트 촬영 첫날부터 소품차(택시) 오일 체크 미확인으로 내 마음을 애태웠던 제작팀, 모두의 몰입도가 높았던 여러 날의 촬영들 속 배우분들의 엄청난 열연, 환상의 하모니로 plan-sequence를 제대로 보여준 뼐랑세깡스 신, 타 작품(〈서울의 봄〉) 촬영 중 오셔서 별안간 빛나는 불꽃 연기 해주고 간 신감독(정우성)님,

거를 타선 없이 항상 맛있었던 밥차와 감사한 분들이 보내준 커피와 부식 케이터링, 센스 있는 각종 공지를 위해 늘 고민하던 이한형 제작부장, 한 지붕 두 가족 세트장 고양이들(촬영 말미에는 세트 천장에서 출산도 함), 생각만으로도 미소가 지어지고 은은한 추억이 깃든 당진 세트장에서의 여러 날들, 숙소에서 삼삼오오 모여 마셨던 수많은 맥주와 뜯겨나간 황태들,

그리고, 이번 생에 갈 수 있을까 생각했던 칸 영화제, 이번 생에 갈 수 있어서 생애 처음 맞추는 턱시도(감독님의 선물),

설레는 마음으로 칸 도착 후 새벽녘 텅 빈 뤼미에르 극장에서 진행했던 테스트 상영, 유난히 농도 짙던 레드카펫 위로 저 세상의 우아함을 품격 있게 보여주었던 자랑스러웠던 감독님과 배우들, 뤼미에르 극장 상영 후 이어진 10여 분의 기립 박수와 환호 속 감독님과 배우들, 〈거미집〉팀의 환희에 찬 표정들, 떨리는 마음으로 맞이한 시사회와 극장 개봉,

서울/경기/인천/부산/대구 무대인사 기간 동안 마주한 수많은 관객들과의 만남, 전해주신 관심, 감사한 응원들이… 기억에 남는다.

마성의 매력, 빠져나갈 수 없는 촘촘한 그물 속 〈거미집〉에 함께했던 모든 배우와 스태프들이 '추억'이라는 스토리에 인물들로 대롱대롱 남아 있다. 끝!

누구도 벗어날 수 없다
다 찍기 전엔

거미집

9월 27일 극장개봉

송강호 임수정 오정세 전여빈 정수정   김지운 감독작품

제작자의 방—최재원

▶성적표를 받아 들고

추석 명절에 〈거미집〉을 개봉하면서 내심 기대하지 않았다면 거짓말일 거다. 어느 정도는 자신 있었으니까. 하지만, 시험 후 맞춰본 100점짜리 시험을 답안지를 밀려 써서 망치고 나서 성적표를 받아 든 악몽 같은 기억이 떠올랐다. '뭐가 잘못됐을까?' 자다 깨서 잠 못 드는 밤에 이 자문을 시작해 본다.

20여 년간 영화업에 종사하면서 수십 편이 넘는 영화에 투자와 제작으로 참여했고, 소위 쪽박에서 대박까지 갖은 성공과 실패를 겪으면서도 단 한 번도 관객의 선택을 의심하거나 부정한 적이 없었다. 대중의 선택에는 이유가 있고, 결국에는 대중의 시선이 늘 '옳다'라고 생각해 왔다. 지금도 이 생각은 크게 바뀌지 않았지만, 〈거미집〉의 1차 성적표는 쉽게 이해되지 않았다. 대중들의 시각이 바뀌었나? 팬데믹과 디지털 미디어의 발전이 대중들의 콘텐츠 소비 습관을 바꾸었다던데, 과연 그 영향인가?

돌아보면 모니터 시사회와 많은 동료 영화인이 참여한 시사회를 거듭하면서 간과한 것이 있었다. 바로 애매한 반응이었다. 열광적인 반응이 있는 반면, 묵묵히 돌아서던 반응들…. 재미없다고 말하진 않지만 적극적인 동감을 나타내지 않던 그 반응…. 칸영화제에서 보여줬던 국내 기자들의 뜨거운 호평과 국내 시사회에서 동료 영화인들의 열광적인 반응만을 수용하거나 그 반응에 매몰되어 찻잔 속의 태풍을 전체로 인식한 것은 아닐까 자문해 본다.

그렇다면, 기획자로서 대중성을 어떻게 인식해야 할까. 다시 물음을 던질 수밖에…. 경쟁작의 제작자들은 모두 흥행 부문에서 알아주는 후배들이었다. 결국 그들의 시각이 맞았다는 것을 부인할 수 없다. 나는 그들과 같은 시각을 가질 수 있을까? 아니면 단지, 배급 시기 등 제작 이후 비즈니스적인 판단을 제대로 못 한 것일까?

이런 뫼비우스의띠 같은 물음을 스스로에게 던진다. 〈거미집〉의 제작 과정을 정리하면서 이 물음들에 하나씩 접근하고자 한다.

| 씬 24 | 공장 |

공장
닭장처럼 좁은 공간이 빽빽한 봉제공장.
여공들이 닭장의 닭들처럼 인형에 미싱을 하고 있다.
오여사와 강오세 이민자가 공장을 시찰하듯 돌아다닌다.
30여명의 여공들과 반장 감독관이 여공들을 지켜보고 있다.

오여사 "우리 집안은 여자들이 살린 집안이다.
이 공장도 전쟁 통에 다 쓰러진걸 내가 일으켰어."

이민자 "예, 잘 알고 있습니다. 어머님."

강오세 "제가 미리 충분히 말에 뒀습니다. 어머니."

오여사 "집안일만 안주하거나 또 공장업무 안답시고
집안 꼴 엉망으로 만드는 며느리는 필요 없어."

이민자 "예, 저도 안팎으로 어머님께 큰 힘이 돼드리고 싶어요.
민자는 경영학을 전공했습니다. 어머니."

오여사 강오세 이민자 공장을 나가며 알때
여공금자가 신입 여공 한유림을 데리고 들어온다.
강오세와 한유림이 서로 짧게 눈이 마주친다.
일행들이 나가면 한유림을 안내하는 금자.

여공금자 "따라와요. 닭장에서 알 낳는 닭들 같죠?"

한유림 "네."

여공금자 "조심해요. 여긴 쓸모없으면 바로 버려지는 곳이니까."
(둘러보며) "네."

한유림 "옷기요? 병아리는 수컷들이 버려지는데 사람은 여자들이
여공 금자가 가리키는 곳을 보는 한유림.
잘못 만들어진 인형들과 마네킨이 산더미처럼 모여 있

여공금자 "저 여자가 주임. 저 여자에게 찍히면 지웃은 열렸
커다보면 통로 가운데 30대후반 여공주임이

▶〈거미집〉, 폭우 속 출항

〈거미집〉과의 첫 만남은 2019년 송강호 배우를 통해 전해 받은 신연식 감독 각본/연출의 〈거미집〉 시나리오였다. 송강호 배우의 말처럼 종전에 보지 못한 설정과 캐릭터가 낯설었지만, 날이 서 있고 괴기스럽기까지 했다. 규모가 큰 독립 영화의 성격을 가진 실험적이고 도전적인 시나리오였다.

다른 사람도 아니고 송강호 배우가 선택한 시나리오라 그런가 기획적인 특성이 확실했다. 당시 워너브라더스에서 한국 영화를 제작 투자하던 나는 적극적으로 접근했다. 하지만 다른 투자사들도 관심을 보이면서 제작비가 상승했고, 자연스레 워너브라더스사의 결정은 부정적으로 돌아섰다. 그렇게 다른 투자사가 감당하는가 싶었지만, 결국 모든 투자사가 포기하면서 〈거미집〉은 수면 아래로 가라앉았다. 그러던 와중에 코로나19 팬데믹을 맞았고, 이로 인한 영화 환경의 변화는 실로 많은 것을 바꿔놓았다.

2000년 이후 한 차례도 무너지지 않았던 극장 시장은 2005년 수준으로 단번에 15년을 후퇴했고, 타인과의 교류조차 막힌 대중들이 다른 플랫폼을 찾게 되면서 콘텐츠 소비 및 제작 전 과정에서 대대적인 변화가 불가피해졌다.

'영화란 무엇인가? 영화가 존재하는 이유는 무엇인가? 영화는 앞으로도 존재할 것인가? 스크린의 존재 가치를 부정하지 않는다면 영화는 존속할 것이다. 그렇다면 어떤 영화를 기획할 것인가?'

이런 고민에 빠져 있을 무렵 송강호 배우가 〈거미집〉을 다시 제안해왔다. 김지운 감독의 연출로! 유레카를 외치지는 않았지만 뭔가 번뜩 스쳐가는 것이 있었다.

'그래, 이런 기획이라면 승부를 걸어볼 만하지 않을까?'

당시 나는 어떤 영화를 만들지 고민하면서 김지운 감독에게 초기 영화인 〈조용한 가족〉이나 〈반칙왕〉 같은 장르적이면서도 그 특유의 위트가 부각되는, 상대적으로 가벼운 영화 연출을 권유하고 있었다. 영화 제작 이야기를 시대 배경과 절박한 캐릭터로 풀어본다면 의미 있는 이야기가 만들어지리라 판단했고, 김지운 감독 역시 긍정적인 반응을 보였다. 곧바로 기획 인수를 시작했다. 송강호 배우의 도움이 없었다면 신연식 감독에게서 기획을 양도받는 것이 쉽지 않았을 것이다. 원작자인 신연식 감독이 갖고 있는 작품에 대한 애정이 기획 양도 과정에서 어려운 조건을 만들기도 했다. 어쨌든 우여곡절 끝에 드디어 기획을 양도받았다.

〈거미집〉은 기획 과정에서 여러 숙제를 안고 있었다. 상업 영화 관점에서 분명히 불편한 부분이 있었다. 바로 첫 번째 관문인 투자사들의 전적인 동의를 받지 못했다는 것이다. 과거에 투자 유치에 실패했다는 것은 이런 취약점을 태생적으로 갖고 있음을 증명했다. 그렇다면 각색과 패키지를 통해서 이런 부분을 보완하고, 무엇보다 제작자로서 기획에 확신을 갖는 것이 중요했다.

이 과정에서 가장 영향을 준 것이 넷플릭스를 정점으로 한 OTT 콘텐츠의 경향이었다. 시리즈는 영화를 잊게 할 만큼 높은 수준을 보여주고 있었다. 영화로 풀지 못하는 긴 이야기를 마음껏 쏟아냈고, 완성도는 나날이 높아졌다. 하지만 OTT 영화는 상대적으로 선정성이 강조되었고 스토리는 자극적인 것이 대부분이었다. 많은 관객들이 스크린을 외면할 때 나온 이야기가 영화는 너무 뻔하다는 것이었는데, OTT 영화 역시 관객들을 충족시키지는 못했다. 관객들은 여전히 신선함을 찾고 있었다. 그렇다면 대형 스크린에서 봐야 하는 영화는 어떤 것일까? 통상적으로 떠오르는 액션 블록버스터나 할리우드식의 SF? 그러나, 최근 영화들의 흥행 결과가 보여주듯 관객들의 요구는 좀 더 냉정했고, 결국 나는 〈거미집〉처럼 시네필에게 소비되면서도 이제껏 보지 못했던 스토리와 연기를 보여줄 수 있는 잘 짜인 이야기를 기획하는 데 점점 관심이 갔다. 내부에서 제기되는 의구심도 있었지만, 나의 확신을 꺾지는 못했다. 〈거미집〉은 이렇게 긴 항해를 출발하게 되었다.

이후 여러 차례 각색을 거쳐 김지운 감독 버전의 〈거미집〉이 나왔다. 객관적인 정리를 위해 첫 각색은 조감독 출신 작가에게 맡겨보았고, 원작자인 신연식 감독의 각색고도 있었지만, 결국 김지운 감독의 손을 통해 지금의 최종고가 나왔다.

▶제작비 조달

이제 문제는 제작비 조달이었다. 영화의 자본적 특성은 사실 투자가 성립되지 않으면 한 발짝도 출발할 수 없는 운명을 가지고 있다. 그동안 각색 과정을 통해 상당히 다른 이야기를 만들었고, 캐스팅 또한 송강호 배우를 정점으로 임수정과 전여빈 배우 등 신구(新舊) 조화의 기본 구조를 갖추었음에도 싸늘해진 투자 업계는 〈거미집〉이 지향하는 영화적 세계관을 수용하지 못했다. 태생부터 갖고 있는 상업적 관점에서의 불편함은 OTT 업계를 먼저 두드리게 했다. 이 판단에는 기존 투자사로부터 긍정적인 답변을 받지 못한 부분이 컸지만, 한편으로는 흥행의 부담 없이 많은 사람들이 볼 수 있다는 점에서 긍정적인 측면도 있었다.

처음 접촉한 넷플릭스에서 긍정적인 신호를 받았다. 직접적 흥행 부담이 없는 OTT 입장에서는 감독과 배우의 조합으로 만들어진 이 패키지가 부정적일 이유가 없었다. 그럼에도 선뜻 그린라이트를 받지는 못했다. 반년 넘게 넷플릭스와 씨름하는 동안 시나리오는 계속 각색되었고, 영화〈밀정〉을 같이 했던 스태프들을 중심으로 국내 최고의 스태프들이 하나둘 모이기 시작했다. 그럼에도 투자가 확정되지 않았다. 심지어 본사 격인 메가박스에서조차 긍정적인 답을 듣지 못하고 있었다. 시간이 흐르면서 모두 지쳐갔다. 불확실성이 커지면서 가장 든든한 우리 내부에서조차〈거미집〉을 포기하고 다른 작품을 검토해야 하는 거 아닌가 하는 말이 나왔다. 나는 정말 영화 속의 '김감독'이 된 기분이었다. '만들어진다면 정말 좋은 영화가 나올 것'이라는 확신이 내 안에서는 점점 굳어졌지만 주의의 반응은 냉랭했고, 같이 의기투합하던 사람들에게마저 기다려 달라고 설득해야 하는 상황이었다. 게다가 제작자로 참여하고 있기에 연출부와 제작부 등 스태프들의 인건비를 비롯한 자금 부담은 점점 더 커져만 갔다. 그저 넷플릭스 담당자에게 징징대는 수밖에 없었다….

그때 거짓말 같은 일이 생겼다. 오랜 친구이기도 한 주식회사 바른손의 문양권 회장이 점심을 하자고 했다. 모처럼 만난 자리에서 그는 나에게 자신이 구상하고 있는 영화 펀드에 대해 상의했고, 업계 상황에 대해서도 이야기를 나누었다. 나는 당연히 푸념처럼〈거미집〉의 상황을 말했고…. 그런데, 그가 그 자리에서 바른손이앤에이가 100퍼센트를 투자할 테니 넷플릭스가 아닌 극장으로 가자고 했다. 분명 '극장'으로 가자고 했다. 시나리오를 한 장도 읽지 않았지만, 모인 사람들을 믿고 투자하겠다고 했다. 그렇게 갑작스레 투자가 결정되어 부푼 마음으로 사무실로 돌아오는 중에 넷플릭스에서도 투자하겠다고 전화가 왔다. 단 한 시간 차이로〈거미집〉은 영화관에서 관객을 처음 만날 수 있게 되었다. 돌아보면 이것이 비극의 서막인지, 도전의 시작인지 모르겠다.

결국 이 결정으로 우여곡절 끝에〈거미집〉은 앤솔로지스튜디오, 바른손이앤에이, 신연식 감독 회사의 공동 제작 모양새로 출발하게 되었다.

▶〈거미집〉을 짓는 과정

투자가 확정되고, 〈거미집〉은 과연 무엇을 이야기하는 영화인지 다시 한번 고민하지 않을 수 없었다. 한국 영화에서 볼 수 없었던 본격 앙상블 영화, 무거운 배경을 가지고 있지만 위트를 잃지 않는 블랙코미디, 흑백을 오가는 독특한 형식…. 이런 연출이 갖는 의미는 무엇일까?

굳이 OTT의 제안을 뿌리치고 극장을 지향한 이유가 무엇일까? 나는 왜 이 결정에 환호하고 있는 것일까? 수없이 자문할 수밖에 없었다. 이것은 우리에게 영화란 무엇인가, 영화를 왜 만들어야 하는가에 대한 물음이기도 했다.

팬데믹으로 극장과 멀어진 관객들에게 극장에 오게 하는 영화가 필요했고, 관객들은 새로운 영화를 원한다고 생각했다. 아니, 새로운 영화를 관객들에게 보여줘야 한다고 생각했다. 극장에 와야 하는 이유를 영화를 통해 제시하고 싶었다. 큰 스크린 앞에서 여러 사람이 정성스레 만든 영화를 낯선 대중들과 함께 공간을 메우고 앉아 그 안에서 같이 웃고 울고 즐기는 사회적 활동이 얼마나 삶에 의미 있는 휴식인지 다시 경험하게 해야 한다고 생각했다. 그렇기에 늘 보여주는 영화가 아니라 새로운 영화적 경험, 영화가 보여줄 수 있는 다양한 경험을 다시 느끼게 하고 싶었다. 우리네 DNA 속에 있는 영화관에서만 느낄 수 있는 짜릿한 경험을 말이다.

기획부터 투자까지 시작은 고되었지만, 이 독특한 영화의 캐스팅 과정은 의외로 무난했다. 캐릭터들이 갖는 힘 때문이었을까? 〈장화, 홍련〉 때의 캐스팅 과정이 생각나기도 했다. 〈장화, 홍련〉의 시나리오는 특정 주인공이 이끄는 영화가 아니라 '수미'와 '수연', '새엄마'가 거의 같은 비중으로 이야기를 끌고 갔었고, 그로 인해 수미 역을 제안받았던 당대 톱배우들이 모두 고사해서 꽤 난항을 겪었다. 〈거미집〉 역시 특정한 배역에 무게중심을 둔 시나리오가 아니어서 같은 이유로 캐스팅에 난항을 겪을 것이라고 내심 우려했다. 하지만 결과는 그 반대였다.

송강호 배우가 중심에 서주었고, 광기 어린 추종자인 '미도' 역에 전여빈 배우가, 베테랑 여배우 '이민자' 역은 임수정 배우가 너무도 흔쾌히 수락하였고, 바람둥이 톱스타 '강호세' 역은 오정세 배우가 시나리오를 받은 지 하루도 채 되지 않아 '무조건 한다'고 손을 들었다. 영화에 대한 애정과 도전은 추가 캐스팅도 일사천리로 진행시켰다. '백회장' 역에 장영남 배우가 합류했고, '오여사' 역에는 스크린에서 잘 볼 수 없었던 박정수 배우가, 감독이 가장 고심했던 '유림' 역은 정수정 배우가 미팅 이후 적극적인 참여

의사를 보여줘 최종 합류했다. 그리고 '최국장' 역에 장광 배우가 합류하고, 김민재 배우와 김동영 배우가 합류하면서 한국 영화에서 좀처럼 보기 힘든 앙상블 연기를 보여줄 캐스팅이 완성되었다. 그 외 단역들조차 경쟁률이 2000 대 1인 오디션을 거쳐 선정했다. 연출부가 몇 날 며칠을 밤새워 오디션 자료를 필터링하고, 1차로 선정된 모든 인원을 김지운 감독이 일일이 심사해서 모든 단역을 구성했다. 이렇게 조금씩 완성될 영화의 모습이 그려지기 시작했다.

여기에 김지운 감독과 나와 오랜 시간 영화 작업을 함께 한, 이제는 명실공히 한국 영화계의 베테랑이 된 스태프들이 마치 '어벤져스'처럼 모였다.

현장 프로듀서 이동진, 촬영/조명 김지용, 분장 김서영, 의상 최의영, 미술 정이진, 편집 양진모, 사운드 최태영, 그리고 보조출연 업체 ID의 이옥희 실장님 등 함께 모인 우리는 완성도 제고는 물론, 제한된 예산 문제를 풀어가고자 머리를 맞댔고, 하나의 세트장에서 벌어지는 이야기를 구현하게 되었다.

1970년대를 구현하는 분장과 의상은 물론, 공간의 효율성을 위해 당시 세트장을 구현하면서 내외부 모두 촬영장이 되게끔 디자인했다. 이는 예산의 효율성 이외에도 당시 코로나로 인한 제한적 촬영 환경을 한 공간에 집중시켜 제반 상황을 통제할 수 있는 기본적 조건을 갖추게 했다. 로케이션을 최소화하면서 외부 감염에 대한 위험을 최소화했으며, 감염에 따른 인원 공백 및 환경 변화에 가장 효율적인 통제와 조정이 가능한 구조가 되었다. 실제 촬영 기간 동안 적지 않은 인원이 코로나에 걸리기도 했지만, 한 회차도 멈추지 않고 계획대로 진행할 수 있었던 것은 코로나 대응 방법의 효율적 시행 이전에 명품 스태프들이 시전한 프리프로덕션을 통해 이런 환경을 구축한 결과였다.

촬영일	2022년 3월 10일 Thursday	집합장소	당진영상테마파크
집합시간	8:00	촬영시작	9:03	촬영종료	18:39	총회차	2회차

일 출	6:51	날 씨	구름	강수확률	오전	30%
일 몰	18:36	최저/고기온	0 16		오후	20%

촬영분량

S#	대장소	소장소	촬영지	D/N	S/L	I/E	장면 내용	등장인물	비고
#6	세트장	세트장 입구	세트A	D	S		감독 택시에서 내리고, 셋트장 소품을 그대로 뒤두라는 김감독, 김부장과 눈이 마주친다	강호세, 김부장, 세트1, 세트2	택시기사
#18A	세트장	입구 통로 근방	세트A	D	S		C#1~C#6 한유림이 도착하자 구석으로 강호세가 부른다	강호세, 한유림, 조감독, 황반장	가방모찌(유림), 스탭A
#18C	세트장	공장	세트A	D	S		C#9~C#11 여공 몇 몇이 자기자리에 앉아 촬영준비를 하는 스탭들	조감독, 금자, 은자, 동자, 스탭A	여공보조출연 5명

미촬영분량

Ep	S#	대장소	소장소	촬영지	D/N	S/L	I/E	장면 내용	등장인물	비고

전체일정

시 작	종 료	Ep	S#	내용 및 특이사항
8:00	9:00			도착 및 촬영준비
9:00	12:00		6	S#6 촬영
12:00	13:00		18A	S#18A 촬영
13:00	14:00			중식
14:00	15:00		18A	S#18A 촬영
15:00	17:30		18C	S#18C 촬영
촬영종료				18:39

휴게 시간	1시간 00분
금일 진행 시간	9시간 39분
주 누적 진행 시간	18시간 26분

배우도착시간

배역	연기자	도착시간	종료시간
김감독	송강호	8:00	12:00
김부장	김민재	8:20	14:37
한유림	정수정	10:30	16:53
강호세	오정세	10:20	16:53
조감독	김동영	11:00	18:39
황반장	정기섭	10:20	16:53
여공금자	한서울	14:00	18:39
여공은자	유민주	14:00	18:39
여공동자	노아림	14:30	18:39
세트1	임영준	7:50	18:39
세트2	김준범	7:50	18:39
가방모찌(유림)	김수아	9:30	16:53
기록	강채영	8:50	18:39
의상1	이혜아	8:50	16:53
소품기사	박현철	8:50	18:39
촬영보조1	김홍국	8:50	18:39
조명기사	이승진	8:50	18:39
조명보조1	이선우	8:50	18:39
분장1	강다은	9:30	18:39
제작1	조승구	9:30	18:39
촬영기사	김문학	9:30	18:39

보조출연	인원	도착시간	종료시간
S#6_택시기사	1	-	-
S#18C_여공보조출연	5	14:00	18:39

촬영참여인원

스 탭	인원	차량	스 탭	인원	차량
제작	7	5	앤솔로지	1	1
연출	8	2			
촬영	9	3			
그립	3	2			
DIT	1	1			
조명	8	4			
동시녹음	3	2			
미술 / 소품	10	4			
세트	2	1			
의상	4	2			
분장	5	2			
특수분장	-	-			
VFX	1	1			
무술	-	-	**연기자**	**인원**	**차량**
특수효과	-	-	주,조연	6	6
코비드	-	-	단역	15	12
현장편집	-	-	보조출연	6	-
소품차량	1	2	매니져/코디	-	-
밥차	2	1			
분장버스	-	-		**인원**	**차량**
스틸/메이킹	2	2	**스탭 총인원**	67	35
카메라봉고	-	-	**연기자 총인원**	27	18
지미집	-	-	**전체 총인원**	94	53
보출버스	-	-	**조식**		밥차
제작지원	-	-	**중식**		밥차
			석식		밥차

추가장비 / 차량

장비명	수량/구분	사용시간	비고	장비명	수량/구분	사용시간	비고
택시	1	07:00 ~ 11:37	금호렌터카				

데이터 사용량

총 데이터량	금일 사용 데이터	누적 데이터
400 TB	1.22 TB	3.15 TB

일 지	1회차를 잘 마무리 하고 모든 스탭과 배우는 [거미집] 대부분의 촬영지인 당진 영상테마파크 세트장으로 모였다. 원래 케이터링을 영일만으로 진행하려 했으나 영일만이 촬영 중인 작품에서 코로나 확진자들이 많아 촬영 기간이 약 2주간 연장 되면서 경기밥차가 식사를 준비했다. 오늘 촬영의 시작은 택시에서 내려 세트장 안으로 들어오는 김감독 분량이었다. 시대차량을 사용할 경우 연기자가 직접 클래식카를 운전하기에 어려움이 있어 종종 업체의 기사님께 출연을 부탁하는데, 당일 오신 기사님의 체형이 의상팀이 준비한 택시기사복과 맞지않아 제작팀 김건무가 대신 택시기사 역을 하였다. 현장에서 마스크만 쓰고 있던 건무의 드라이하고 메이크업 한 모습이 정말 새로웠다 :) 촬영이 진행되고 얼마 지나지 않아 출연하던 차량의 연료가 부족하다는 것을 알게 되었는데 클래식카에서 미리 준비한 휘발유가 없어서 제작팀에서 외부로 휘발유를 구입하러 가느라 촬영이 약 30여분 간 지체되었다. 이 부분에 대해서 제작팀은 업체의 사전 준비 부족에 대한 내용으로 컴플레인을 하였고 렌탈료를 일부 감면받기로 하였다. 클래식카 특성 상 내부 계기판이 정상 작동하지 않을 수 있기 때문에 연료 게이지 등 현장의 연출/제작부가 아닌 업체 기사의 도움이 필요한데 오늘의 사건으로 앞으로 클래식카가 올 경우에는 연료량에 대해 한번 더 확인해야 겠다는 생각을 갖게되었다. 촬영 지체에 대한 부분 또한 많은 반성을 하게 하였다. 우여곡절 끝에 밖에서 말통에 구매해온 휘발유로 주유를 하고 촬영은 재개되었고 이후의 분량들은 문제 없이 진행되어 2회차도 마무리 되었다.
방 문 자	
코 로 나 관 련	크랭크인 전날에도 진단키트로 검사를 하였지만, 서울에서 당진으로의 지역 이동으로 모든 스탭 및 배우는 한번 더 진단키트 검사 후 숙소 입실을 원칙으로 함 진단키트 음성 확인 미발송자는 현장 참여 및 숙소 입실 불가로 모든 검사자의 자료를 별도의 리스트로 보관 김길남 붐 오퍼레이터가 크랭크인 전 코로나 확진으로 1회차에 이어 2회차도 녹음 지원으로 대체 2회차 전날 숙소 도착 후 컨디션이 좋지 않았던 현장편집 조단비 기사 진단키트 후 양성 나와서 익일 선별 진료소 방문하여 PCR 검사 예정. 2회차 업무 배제 호세 매니저(이성건)의 코로나 확진으로 현장에 오정세 배우 혼자 이동
도 움 주 신 분	
기 타	2회차 촬영 전날 스태프를 연기하는 단역배우들과 미리 세트장에 모여 집체교육 진행 촬영기사, 스크립터, 제작부, 의상팀 등 각각의 역할들에 대해 어떤일을 하고 현장에서는 어떻게 움직이는지 알려주는 시간을 가짐

거미집 — DAILY PRODUCTION REPORT

22회차

촬영일	2022년 4월 11일 Monday	집합장소	당진영상테마파크				일 출	6:05	날 씨	비 온뒤 맑음	강수확률	오전	0%
집합시간	8:00	촬영시작	9:29	0촬영종료	17:50	총회차 22	일 몰	19:05	최저/고기온	9 23		오후	0%

촬영분량

S#	대장소	소장소	촬영지	D/N	S/L	I/E	장면 내용	등장인물	비고
33A	집 세트	2층 유림방	세트A	N	S		C#1~C#5호세와 유림대역의 정사 / C#10,11,14,15 문틈으로 지켜보는 이민자	강호세, 이민자, 한유림 대역	
33B	집 세트	민자 방	세트A	N	S		뽕짝 소리에 귀를 틀어막으며 교로위해간다 벌을 워버니가는 이민자(소리가 틀어넘어 자슈 씩 하는 강호세) / C#3	강호세, 이민자	
32	집 세트	세트 주변	세트A	D	S		C#31, C#32 조감독이 다가와 전라에 공사를 한 호세 세팅 완료를 보고 한다.	김감독, 조감독, 강호세	가방모찌(호세), 의상1

미촬영분량

S#	대장소	소장소	촬영지	D/N	S/L	I/E	장면 내용	등장인물	비고

전체일정

시작	종료	S#	내용 및 특이사항
8:00	9:00		도착 및 촬영준비
9:00	12:30	33A	S#33A
12:30	13:30		중식
13:30	16:30	33B	S#33B
16:30	18:00	32	S#32
	17:50		촬영종료

휴게 시간	1시간 00분
금일 진행 시간	8시간 50분
주 누적 진행 시간	8시간 50분

추가장비 / 차량

장비명	수량/구분	사용시간 / 비고

데이터 사용량

총 데이터량	금일 데이터	누적 데이터
400 TB	1.27 TB	43.49 TB

배우도착시간

배역	연기자	도착시간	종료시간
강호세	오정세	8:00	17:50
이민자	임수정	9:50	16:12
김감독	송강호	15:20	17:50
의상1	이혜아	15:00	17:50
가방모찌(호세)	이혁	15:30	17:50
한유림 대역	최민정	7:20	12:35
조감독	김동영	15:20	17:50

보조출연	인원	도착시간	종료시간

촬영참여인원

스 탭	인원	차량	스 탭	인원	차량
앤솔로지	-	-	의상	4	1
제작	7	5	분장	5	2
스탠드인	-	-	CG	1	1
코비드	1	1	무술	-	-
연출	7	2	특수효과	-	-
현장편집	1	1	특수분장	-	-
촬영	8	3	소품차량	-	-
그립	4	2	밥차	-	-
DIT	1	1	스틸/메이킹	2	2
조명	8	4	보출버스	-	-
동시녹음	4	2	지원	-	-
미술 / 소품	3	2	추가장비	-	-
세트	-	-	기타	-	-

연기자	인원	차량		인원	차량
주,조연	4	4	스탭 총인원	56	29
단역	2	2	연기자 총인원	10	6
보조출연	-	-	전체 총인원	66	35
매니저/코디	3		조식	개별진행	
기타	1	1	중식	장부식당	
			석식		

PRODUCTION MEMO

일 지	금일 촬영 분량은 정사장면이 있어 배우들이 현장에서 불편함 없이 촬영에 집중할 수 있도록 스탭들 모두 '유림의 방' 내에 필요 인원을 제외하고는 자리를 비웠다. 중요하고 예민한 장면이니만큼 오전부터 스탭들 모두 최대한 배우를 배려하려 노력하였고, 배우들도 편안하게 진행하였다. 호세와 유림대역의 호흡으로 현장 분위기는 즐겁게 진행되었고, 준비했던 장면들은 모두 잘 진행되었다. 호세의 애드리브로 현장은 웃음바다가 되었고, 정사장면 이후의 분량들도 빠른 속도로 진행되어 계획한 일정을 잘 마무리 하였다.
코로나	제작팀 박가현 진단키트, 신속항원검사 양성 확정 / 17일 자정 격리 해제 연출팀 고영상 진단키트, 신속항원검사 양성 확정 / 17일 자정 격리 해제
방문자	
도움 주신분	
기 타	

거미집 DAILY PRODUCTION REPORT

촬영일	2022년 6월 6일 Monday	집합장소	서울과학기술대학교(100주년 기념관)					일 출	5:19	날 씨	구름 조금	강수확률	오전	60%
집합시간	10:00	촬영시작	11:08	촬영종료	16:12	총회차	59	일 몰	19:40	최저/고기온	18 29		오후	30%

촬영분량

S#	대장소	소장소	촬영지	D/N	S/L	I/E	장면 내용	등장인물	비고
55F	영화관	시사회장	서울과학기술대학교	N	L	I	영화가 끝나고 박수갈채를 받는 배우들과 김감독	김감독,이민자,강호세,오여사,강회장,백회장,김부장,미도,한유림	염태구,강호세부인,촬영기사,조명기사
53C	세트장	세트장(과거) 앞 차안	서울과학기술대학교	D	L	E	차에서 열쇠를 꺼내는 백회장	백회장	

미촬영분량

S#	대장소	소장소	촬영지	D/N	S/L	I/E	장면 내용	등장인물	비고

전체일정

시 작	종 료	S#	내용 및 특이사항
10:00	11:30		도착 및 촬영준비
11:30	14:00	55F	S#55F
14:00	15:00		중식
15:00	16:00	55F	S#55F
16:00	17:00	53C	S#53C
16:12			촬영종료

휴게 시간	1시간 00분
금일 진행 시간	5시간 12분
주 누적 진행 시간	5시간 12분

추가장비 / 차량

장비명	수량/구분	사용시간 / 비고
백회장 차량	1	14:00 ~ 16:42

데이터 사용량

총 데이터량	금일 데이터	누적 데이터
400 TB	0.53 TB	127.62 TB

배우도착시간

배역	연기자	도착시간	종료시간
김부장	김민재	7:30	14:42
조감독	김동영	7:30	14:42
촬영기사	김문학	7:30	14:42
조명기사	이승진	7:30	14:42
백회장	장영남	8:30	16:12
미남스타엄태구	엄태구	8:30	14:42
강호세부인	엄혜란	8:30	14:42
미도	전여빈	9:30	14:42
강호세	오정세	9:30	14:42
이민자	임수정	9:30	14:42
한유림	정수정	10:20	14:42
김감독	송강호	10:30	14:42
강회장	김재건	10:30	14:42
오여사	박정수	10:30	14:42

보조출연	인원	도착시간	종료시간
관객	86	8:00	14:42

촬영참여인원

스 탭	인원	차량	스 탭	인원	차량
앤솔로지	2	2	의상	6	3
제작	6	4	분장	11	5
스탠드인	1	-	CG	1	1
코비드	1	-	무술	-	-
연출	8	2	특수효과	-	-
현장편집	1	1	특수분장	-	-
촬영	9	3	소품차량	1	1
그립	4	3	밥차	-	-
DIT	1	1	스틸/메이킹	2	2
조명	7	3	보출버스	-	-
동시녹음	4	2	지원	1	-
미술 / 소품	6	3	추가장비	-	-
세트	-	-	기타	-	-

연기자	인원	차량		인원	차량
주,조연	10	10	스탭 총인원	72	36
단역	4	4	연기자 총인원	117	17
보조출연	90	3	전체 총인원	189	53
매니저/코디	13	-	조식	개별진행	
기타	-	-	중식	현장 도시락	
			석식	쫑파티	

PRODUCTION MEMO

일 지	금일 촬영은 영화 거미집의 엔딩 장면이자 크랭크업날이기도 하다.
	모든 배우들이 모여 극장에서 영화 거미집을 시사하는 장면은 많은 스탭, 배우들에게도 의미가 있는 촬영이었다.
	극장 촬영 종료 후 백회장 차량의 추가컷 까지 마무리 한 뒤 모든 촬영은 종료되었고, 고생한 스탭과 배우들은 인사를 나누고 현장은 마무리 되었다.
	59회차동안 사고없이 안전하게 종료하였고, 모두들 바로 이어진 쫑파티 현장으로 이동해 즐거운 시간을 보냈다.
코로나	
방문자	
도움 주신분	
기타	59회차동안 현장이 무탈하게 진행될 수 있도록 물심양면으로 힘써주신 바른손 관계자분들께 감사의 인사를 드립니다.

회차	날짜	요일	S#	대장소	소장소	촬영장소	L/O/S	Int/Ext	D/N	CUT	내용
1	3월 8일	화	5	극장 앞 골목	식당	용산구 춘천 식당	L	I/E	D	12	김감독을 비판하는 평론가들
			55G	극장 앞 골목	식당	용산구 춘천 식당	L	I	D		거미집 평론을 하는 평론가들
	3월 9일	수			20대 대통령 선거일						
2	3월 10일	목	6	세트장	세트장 입구	세트 A	S	I/E	D	5	김감독 택시에서 내리고, 셋트장 소품을 그대로 놔두려
			18A	세트장	입구 통로근방	세트 A	S	I	D	6	C#1~C#6 한유림이 도착하자 구석으로 강호세가 부딪
			18C	세트장	공장	세트 A	S	I	D	3	C#9~C#11 여공 몇 명이 자기자리에 앉고 촬영준비를
3	3월 11일	금	18D	세트장	입구 통로근방	세트 A	S	I	D	3	C#12~C#14 김감독과 배우들 하나 둘 씩 세트로 들어
			19	세트장	공장	세트 A	S	I	D	14	공장을 돌아다니는 오여사와 강호세, 이민자. 여공금×
4	3월 12일	토	8	세트장	성당	세트 A	S	I	D	6	일본인 투자자들을 안내하던 미도에게 이틀만 다시 찍
			11	세트장	성당 고해소	세트 A	S	I	D	12	성당 세트장으로 들어가 미도의 지지로 추가 촬영 기회
	3월 13일	일			주휴일						
	3월 14일	월									
5	3월 15일	화	24	세트장	봉제공장	세트 A	S	I	D	19	거미를 던진 여공의 등을 가위로 찌르는 한유림
			25	세트장	창고	세트 A	S	I	D	6	C#1~C#6 사냥꾼에 의해 창고에 갇히는 한유림.
			19	세트장	공장	세트 A	S	I	D	2	추가컷 #1) 상처 입은 손을 보여주는 여공금자 추가컷 #2) 은자에게 한유림을 맡기는 여공금자
6	3월 16일	수	25	세트장	창고	세트 A	S	I	D	1	C#7 한유림이 창문을 뜯고 사라지고, 창고로 들어오는
			26	세트장	내부 구석	세트 A	S	I	D	9	한유림, 세트장 밖으로 나가려다 강호세에게 발견된다
			28	세트장	세트장 뒤편	세트 A	L	E	D	9	한유림을 달래 내려오는 김감독
	3월 17일	목									
7	3월 18일	금	9B	세트장	세트장 계단	세트 A	S	I	D	5	C#8~C#12 2층 방에서 1층 세트장 계단으로 내려오
			10	세트장	거실	세트 A	S	I	D	16	김감독 이미지를 떠올리면 흑백 판타지로 바뀌고, 상신
28	4월 19일	화	21A	세트장	입구	세트 A	S	I	D	18	미도가 한유림의 빰을 갈기자 놀라는 조감독, 김부장
			21B	세트장	한쪽 구석	세트 A	S	I	D	7	김부장이 박주사를 보고 깜짝 놀라서 달려 나가고, 박
			32	세트장	세트 주변	세트 A	S	I	D	1	도시락 나눠주는 (미도or 김부장 or 제작부) 손
29	4월 20일	수	50	세트장	산 속 세트	세트 B	S	I	N	36	미도의 연기가 마음에 들지 않는 최국장
30	4월 21일	목	52A	세트장	산 속 세트	세트 B	S	I	N	25	한유림의 열연에 감탄하는 최국장.
			46B	세트장	산속	세트 B	S	I	N	1	미도와 한유림의 다툼을 보고 놀라는 스탭들
			29	세트장	고목나무 세트	세트 B	S	I	Dk	3	C#12~C#14 서로 째려보는 미도와 한유림
31	4월 22일	금	37	세트장	고목나무 세트	세트 B	S	I	N	31	~C#24 / C#31~ 사냥꾼 분장을 한 김감독, 이민자 연
	4월 23일	토									
	4월 24일	일			주휴일						
32	4월 25일	월	14	세트장	입구	세트 A	S	I/E	D	9	강호세, 오여사, 이민자 배우들이 연이어 도착한다.
			34B	세트장	과거 공장 내실	세트 A	S	I	D	9	C#7~C#15 오여사, 어린 여공과 바람을 피우는 강회
33	4월 26일	화	18A	세트장	입구 통로근방	세트 A	S	I	D	6	C#1~C#6 한유림이 도착하자 구석으로 강호세가 부딪
			31	세트장	입구 / 외곽	세트 A	S	I/E	D		세트장 외곽을 나무판으로 막아버리는 세트팀
			22	세트장	통로 / 거실	세트 A	S	I	D	13	힘들어하는 유림을 보고, 김감독에게 한유림의 임신 소
			33A	세트장	2층 유림의 방	세트 A	S	I	N	10	C#48~C#53 김감독에게 다가가 힘들다고 얘기하는
34	4월 27일	수	20	세트장	성당	세트 A	S	I	D	35	오르간 치는 강호세와 눈이 마주치는 한유림, 이틀 촬
	4월 28일	목									
35	4월 29일	금	40C	세트장	김감독 방	세트 사무동	S	I	D	53	망연자실하는 김감독 앞에 나타나는 신감독. 미도의 흔
36	4월 30일	토	40C	세트장	김감독 방	세트 사무동	S	I	D		망연자실하는 김감독 앞에 나타나는 신감독. 미도의 흔
			40B	세트장	제작사 사무실	세트 사무동	S	I	D	4	C#7 무슨일이지 하는 표정으로 보는 여직원 / C#17 제

	김감독	이민자	강호세	미도	한유림	오여사	강회장	백회장	김부장	사냥꾼	조감독	황반장	구박사	박주사	최국장	조단역	스탭A	스탭B	보조출연	특활관련	기타
	감															평론가1.2, 젊은평론가			O		
																평론가1.2, 젊은평론가			O		
부장과 눈이 마주친다	감								부									세트1,2	O		차량
			호		한						조	황				가방모찌(유림)	스탭A				
											조					금자,은자,동자	스탭A		O		
	감	이	호			오											가방모찌(호세,민자,여사)	스탭A				
한유림을 데리고 들어온다		이	호		한	오											금자,은자,동자,주임여공		연출2	O		
독	감			미												일본인투자자1					
독	감			미																	
					한					사						금자,은자,동자,주임여공			O	거미	
					한					사						은자,동자,주임여공	촬영기사,촬보1	촬보2	O		
					한											금자,은자,동자,주임여공			O		
			호		한														O		
			호		한												제작1				
	감				한						조						연출1,제작1	연출2			
을 떠올리는 김감독	감																				
다시 바뀐다.	감	이	호			오										영화사여직원					
				미	한				부		조	황	구				스탭A				
미도				미	한				부		조	황		박			스탭A				
				미					부				구				제작1,연출1,촬보				
	감			미				백			조				최	문공부직원들	스탭A			덧 상처	
	감		호	미	한			백			조					가방모찌(유림), 문공부직원들,카메라인수팀	스탭A				
											조						스탭A				
				미	한						조					가방모찌(유림)	스탭A				
/ 죽으려는 유림을 구해주는	감	이		미	한						조					가방모찌(유림)	스탭A				
		이	호			오					조					가방모찌(호세,민자,여사)	스탭A				차량
를 찌른다						오	강									어린여공					
			호		한						조	황				가방모찌(유림)	기록				
																	제작	세트1,2			
강호세.	감		호		한												기록,연출1	연출2,세트1,2			
RT C#24, C#26 / 추가컷 2	감		호		한						조						제작,연출1				거미
사와 한유림이 놀란다	감		호		한	오					조					금자,은자,동자	스탭A		O		성악1인
고무되는 김감독	감															신감독				신감독 발화	
고무되는 김감독	감			미																	
원이 돌아본다.	감															영화사여직원					

회차	날짜	요일	S#	대장소	소장소	촬영장소	L/O/S	Int/Ext	D/N	CUT	내용
41	5월 9일	월	43	세트장	거실 - 안방	세트 A	S	I	N	3	C#57 / C#61 / C#미도 단독
			44B	세트장	세트	세트 A	S	I	N	14	감독에게 시나리오의 궁금증을 물어보는 미도와 백호
			45B	세트장	세트	세트 A	S	I	N	8	김감독에게 한유림 분량부터 찍자는 강호세
			22	세트장	통로 / 거실	세트 A	S	I	D		추가컷 - 계단 밑에서 김감독에게 한유림의 임신 소식
			20	세트장	성당	세트 A	S	I	D	1	유림을 노려보는 미도
			21B	세트장	한쪽 구석	세트 A	S	I	D	1	박주사 들어올 때 계단 위에서 내려다보고 있는 미도
	5월 10일	화			주휴일						
42	5월 11일	수	52B	세트장	거실	세트 A	S	I	N		리드미컬하게 인물과 공간을 끊지 않고 장면을 완성ㅎ 꾼이 떨어진다.
			43	세트장	거실 - 안방	세트 A	S	I	N	1	오여사, 호세를 창 밖에서 지켜보고 있는 이민자
43	5월 12일	목	52B	세트장	거실	세트 A	S	I	N		리드미컬하게 인물과 공간을 끊지 않고 장면을 완성ㅎ 꾼이 떨어진다.
44	5월 13일	금	52B	세트장	거실	세트 A	S	I	N		리드미컬하게 인물과 공간을 끊지 않고 장면을 완성ㅎ 꾼이 떨어진다.
45	5월 14일	토	52C	세트장	세트 뒤	세트 A	S	I	N		미도와 김부장, 사다리를 타고 2층으로 올라가면 박주
			52B	세트장	거실	세트 A	S	I	N		리드미컬하게 인물과 공간을 끊지 않고 장면을 완성ㅎ 꾼이 떨어진다.
	5월 15일	일			주휴일 변경						
46	5월 16일	월	52B	세트장	거실	세트 A	S	I	N		리드미컬하게 인물과 공간을 끊지 않고 장면을 완성ㅎ 꾼이 떨어진다.
47	5월 17일	화	52B	세트장	거실	세트 A	S	I	N		세트를 보수 하는 세트팀
			53A	세트장	세트장 밖	세트 A	O	I/E	D	1	세트장을 차례로 떠나는 배우들
			46A	세트장	분장실 내 휴게실	세트장 게이트	S	I	N	3	한유림을 깨우는 가방모찌
			55C	세트장	2층	세트 A	S	I	N		강호세를 내리치려는 한유림
	5월 28일	토									
	5월 29일	일			주휴일						
54	5월 30일	월	55E	세트장	거실	세트 A	S	I	D		이민자, 한유림, 강호세, 오여사, 강회장의 몸이 거미
	5월 31일	화									
55	6월 1일	수	48A	세트장	제작사 사무실	세트 사무동	S	I	N	45	새대본을 읽고 반공영화라는 말에 촬영 진행을 수락ㅎ
	6월 2일	목			주휴일 변경						
56	6월 3일	금	28B	세트장	분장실	세트장 게이트	S	I	D		하기싫은데 억지로 분장을 받는 한유림
			A1	세트장	성당	세트 A	S	I	D		예수상을 바라보며 근심어린 표정으로 기도를 올리는
			53D	세트장	신감독 방 - 사무실	세트 사무동	S	I	D	17	C#15~C#21 / C#35~C#44 김감독, 신감독의 시나리오를 옷 속에 집어넣고 나오
57	6월 4일	토	53C	세트장	과거 세트	세트 A	S	I/E	D	25	C#2~C#14 / C#23~34 불 붙은 셋트장. 백회장 2층으로 올라가고, 불길 속에 쓰러져 있는 신ㄱ 이 내려앉는다
58	6월 5일	일	40D	세트장	과거 세트	세트 A	S	I	D	10	C#56~C#65 조감독이었던 김감독이 신감독을 구하려
			A3	세트장	성당	세트 A	S	I	D		신감독의 환영을 보는 김감독
			A2	세트장	분장실	세트장 게이트	S	I	D		사냥꾼 분장을 받는 김감독
59	6월 6일	월	55F	시사회장	극장	서울과학기술대	L	I	N		영화가 끝나고 박수갈채를 받는 배우들과 김감독

감독 김지운 / 프로듀서 이동진   작성자: 조감독

장면	등장인물															조단역	촬영팀		보조출연	특촬관련	기타
	김감독	이민자	강호세	미도	한유림	오여사	강회장	백회장	김부장	사냥꾼	조감독	황반장	구박사	박주사	최국장		스탭A	스탭B			
	감			미												(오여사,강회장)대역	(촬영기사,촬영1)				
가져오는 제작부	감			미				백								가방모찌(유림,민자,여사)	제작1		O		
	감		호	미							조						기록,연출1	연출2	O		
호세.	감		호																		
				미							조					(유림) 대역					
				미																	
정이 내려앉으며 박주사와 사냥	감	이	호		한	오	장	백	부		조	황	구		최	문공부직원들, 카메라인수팀	스탭A	세트1,2		비/화재/강회장더미	
		이	호			오														비	
정이 내려앉으며 박주사와 사냥	감	이	호		한	오	장	백	부		조	황	구		최	문공부직원들	스탭A			비/화재/강회장더미	
정이 내려앉으며 박주사와 사냥	감	이	호	미	한	오		백	부	사	조	황	구	박	최	문공부직원들	스탭A	스탭B		비/화재/천장/와이어 박주사사냥꾼대역	
보인다.				미					부	사				박						바다	
정이 내려앉으며 박주사와 사냥	감	이	호	미	한	오		백	부	사	조	황	구	박	최	문공부직원들,카메라인수팀 분장팀장, 의상팀장	스탭A	스탭B	O	비/화재/천장/와이어 박주사사냥꾼대역	
정이 내려앉으며 박주사와 사냥	감	이	호	미	한	오		백	부	사	조	황	구	박	최	문공부직원들,카메라인수팀 분장팀장, 의상팀장	스탭A	스탭B	O	비/화재/천장/와이어 박주사사냥꾼대역	
											조						스탭A	세트1,2			
	감	이	호	미		오					조	황	구			가방모찌(호세,민자,여사,유림)	스탭A		O		차량
					한											가방모찌(유림)					
			호		한																
메달려 있다.		이	호		한	오	장									주임여공				거미줄/와이어/거미	
	감			미				백	부		조				최	문공부직원들,영화사여직원					
	감				한											분장팀장,의상팀장					
	감																				
~에 넣는 백회장과 눈이 마주친	감							백												연기	
~들어가려는 김감독 앞으로 천정	감							백								촬영기사(과거), 세트장직원1,2(과거)			O	화재/천장 김감독,스탭대역	차량
~나 불붙은 지붕이 무너진다.	감															신감독,촬영기사(과거), 조연여배우(과거) 세트장직원1,2(과거)			O	화재/지붕	
	감															신감독					
	감								부							분장팀장			O		
	감	이	호	미	한	오	강	백			조					인기스타엄태구,강호세부인	촬영기사,조명기사		O		

스탭A	촬영기사, 촬영보조1, 촬영보조2 / 기록(스크립터), 연출부1 / 제작부1 / 조명기사, 조명보조1 / 의상1(의상팀원) / 분장1(분장팀원) / 소품기사
스탭B	조명보조2 / 연출부2 / 세트1, 세트2

S#	대장소	소장소	L/O/S	Int/Ext	D/N	CUT	내용
1	세트장	서재	S	I	N	12	2층 서재 창문을 거칠게 긁는 이민자 / 강호세가 겁을 먹고 벽에 붙어있다.
2	세트장	세트장 밖	S	I	D	9	이민자, 강호세에게 동선을 설명하고, 클라이맥스까지 한 번에 찍자는 김감독
3	세트장	서재	S	I	N	14	강호세를 찌른 이민자가 계단을 내려오고, 현장을 보며 몰아 상태에 빠지는
4A	김감독 집	김감독 방	L	I	D	12	김감독, 꿈에서 본 장면을 타자기로 적어놓는다.
4B	김감독 집	툇마루/마당	L	I/E	D	7	70년대 양옥집 툇마루를 지나 마당을 가로지르는 김감독
5	극장 앞 골목	식당	L	I/E	D	12	김감독을 비판하는 평론가들
6	세트장	세트장 입구	S	I/E	D	5	김감독 택시에서 내리고, 셋트장 소품을 그대로 놔두라고 하는데 김부장과
7	세트장	제작사 사무실	S	I	D	19	다시 촬영하겠다는 김감독에게 미도랑 상의해보라는 백회장
8	세트장	성당	S	I	D	6	일본인 투자자들을 안내하던 미도에게 이틀만 다시 찍고 싶다는 김감독
9A	세트장	김감독 방	S	I	D	7	그림 콘티에 이것저것 끄적이고 약을 꺼내 씹어 먹는 김감독
9B	세트장	세트장 계단	S	I	D	5	2층 방에서 1층 세트장 계단으로 내려오며 영화 속 장면을 떠올리는 김감독
9C	세트장	빈 세트장 구석	S	I	D	1	바뀐 시나리오를 읽고 있는 미도
10	세트장	거실	S	I	D	16	김감독 이미지를 떠올리면 흑백 판타지로 바뀌고, 상상에서 현실로 다시 바
11	세트장	성당 고해소	S	I	D	12	성당 세트장으로 들어가 미도의 지지로 추가 촬영 기회를 얻는 김감독
12	세트장	제작사 사무실	S	I	D	7	조감독은 배우들에게 미도는 일본 관계자에게 전화를 걸고, 김부장은 문공부
13	외진 길	버스 안	L	E	D	6	보조출연자들을 태운 버스 안, 황반장과 구박사도 있다.
14	세트장	입구	S	I/E	D	9	강호세, 오여사, 이민자 배우들이 연이어 도착한다.
15A	세트장	구석	S	I	D	11	러쉬필름을 보는 김감독과 미도
15B	세트장	거실	S	~	N	5~6	괴상필름 ~ 오여사가 가방을 던지면 시간을 찾고, 서럽게 오열하는 이민자 ~
45B	세트장	세트	S	I	N	8	김감독에게 한유림 분량부터 찍자는 강호세
46A	세트장	분장실 내 휴게실	S	I	N	3	한유림을 깨우는 가방모찌
46B	세트장	산속	S	I	N	37	건성으로 연기하는 한유림을 대신해 연기를 하겠다는 미도
47A	세트장	분장실-통로-세트장	S	I	N	47	한유림 분장을 한 미도, 혼란에 빠진 가운데 문공부직원들과 함께 최국장이
47B	세트장	성당	S	I	N	8	서로 한숨만 내쉬고 있는 김감독과 강호세. 고갤 돌리면 미도가 서 있다.
48A	세트장	제작사 사무실	S	I	N	45	새대본을 읽고 반공영화라는 말에 촬영 진행을 수락하는 최국장
48B	세트장	산속	S	I	N	4	스탭들이 빠르게 움직이며 촬영준비를 한다.
48C	세트장	통로 - 세트장	S	I	N	7	호세 앞에서 훌쩍이는 유림. 계단을 내려오는 최국장일행과 백회장, 김감독
49	세트장	통로 공간	S	I	N	5	촬영준비로 바쁜 가운데 세트장 위로 이어지는 사다리에서 내려오는 미도
50	세트장	산 속 세트	S	I	N	36	미도의 연기가 마음에 들지 않는 최국장
51	세트장	분장실	S	I	N	3	조감독이 분장실을 들어가면 피분장을 받고 있는 한유림
52A	세트장	야산	S	I	N		한유림의 열연에 감탄하는 최국장.
52B	세트장	거실	S	I	N		리드미컬하게 인물과 공간을 끊지 않고 장면을 완성해가는 도중 천정이 내려 꾼이 떨어진다.
52C	세트장	세트 뒤	S	I	N		미도와 김부장, 사다리를 타고 2층으로 올라가면 박주사, 사냥꾼이 보인다.
52D	세트장	김감독 방	S	I	D		김감독, 엔딩 콘티를 보다가 찢어 휴지통에 버리고 나간다.
53A	세트장	세트장 밖	O	I/E	D	1	세트장을 차례로 떠나는 배우들
53B	세트장	세트	S	I	D	5	스탭들이 장비들을 실어나르고 빈세트장에 덩그러니 혼자 앉아있는 김감독
53C	세트장	과거 세트	S	I/E	D	25	불 붙은 셋트장. 백회장 2층으로 올라가고, 쓰러져있는 신감독에게 뛰어들어 천정이 내려않는다.
53D	세트장	신감독 방 - 사무실	S	I	D	17	김감독, 신감독의 시나리오를 옷 속에 집어넣고 나오는데 돈을 가방에 넣는
54	김감독 집	마루 - 방	L	I	D	7	피곤한 얼굴로 집으로 들어가는 김감독

	등장인물															조단역	촬영팀		보조출연	특촬관련	기타
	김감독	이민자	강호세	미도	한유림	오여사	강회장	백회장	김부장	사냥꾼	조감독	황반장	구박사	박주사	최국장		스탭A	스탭B			
	감	이	호																	번개/비/유리	
	감	이	호								조						스탭A				
	감	이	호								조						스탭A			번개/비/유리	
	감																				
	감															김감독아내					
	감															평론가1.2, 젊은평론가			O		
다	감								부								세트1,2		O		차량
	감							백	부							영화사여직원					
	감			미												일본인투자자1			O		
	감																				
	감																				
				미																	
	감	이	호			오										영화사여직원					
	감			미																	
걱정이다.	감			미					부		조					영화사여직원	연출1				
												황	구				제작1		O		차량
		이	호			오					조					가방모찌(호세,민자,여사)	스탭A				차량
	감			미							조					기록					

~~~

	감	이	호	미												기록			O		
					한											가방모찌(유림)					
	감		호	미	한						조						스탭A			덫 상처	
	감		호	미	한	오		백	부		조	황	구		최	분장팀장,의상팀장,문공부직원들	(분장1,의상1)스탭A		O		
	감		호	미															O		
	감			미				백	부						최	문공부직원들,문공부직원1,영화사여직원					
											조						스탭A	스탭B			
	감		호		한			백			조				최	문공부직원들	스탭A				
	감			미							조							스탭B			
	감			미				백			조				최	문공부직원들	스탭A				
					한						조					분장팀장,의상팀장					
	감		호	미	한			백			조				최	가방모찌(유림),문공부직원들,카메라인수팀	(의상1,연출1)스탭A				
주사와 사냥	감	이	호	미	한	오	강	백	부	사	조	황	구	박	최	문공부직원들,분장팀장,의상팀장,카메라인수팀	(촬영기사,촬보1)/스탭A	스탭B,촬보3	O	비/화재/천장/와이어 박주사사냥꾼대역	
				미					부	사				박						바닥	
	감										조										
	감	이	호		한	오					조	황	구			가방모찌(호세,민자,여사,유림)	스탭A		O		차량
선다.	감			미													스탭A		O		차량
감독 앞으로	감							백								신감독,촬영기사(과거),조연여배우(과거),세트장직원1,2(과거)			O	화재/천장 김감독,스탭대역	차량
이 마주친	감							백												연기	
	감															김감독아내					

S#	대장소	소장소	활영장소				CUT	내용

로케이션 (LOCATION)

김감독 집

S#	대장소	소장소	활영장소				CUT	내용
4A	김감독 집	김감독 방	서울 종로구■[장면가옥]	L	I	D	12	김감독, 꿈에서 본 장면을 타자기로 적어놓는다.
4B	김감독 집	툇마루/마당		L	I/E	D	7	70년대 양옥집 툇마루를 지나 마당을 가로지르는 김감독
54	김감독 집	마루 - 방		L	I	D	7	피곤한 얼굴로 집으로 들어가는 김감독

외진 길 / 야산

13	외진 길	버스 안		L	E	D	6	보조출연자들을 태운 버스 안, 황반장과 구박사도 있다.
28	세트장	세트장 뒤편		L	E	D	9	한유림을 달래 내려오는 김감독

식당 / 극장

5	극장 앞 골목	식당	서울 용산구■[춘천식당]	L	I/E	D	12	김감독을 비판하는 평론가들
55G	극장 앞 골목	식당		L	I	D		거미집 평론을 하는 평론가들
55F	시사회장	극장	서울 중구■[남산드라이센터]	L	I	N		영화가 끝나고 박수갈채를 받는 배우들과 김감독

오픈 세트 (OPEN SET)

세트장 주변 / 뒤편 외곽

14	세트장	입구		S	I/E	D	9	강호세, 오여사, 이민자 배우들이 연이어 도착한다.
26	세트장	내부 구석		S	I	D	8	한유림, 세트장 밖으로 나가려다 강호세에게 발견된다.
31	세트장	외곽		S	I/E	D	4	세트장 외곽을 나무판으로 막아버리고, 세트장 정문을 자물쇠
53A	세트장	세트장 밖		O	I/E	D	1	세트장을 차례로 떠나는 배우들
53B	세트장	세트		S	I	D	5	스탭들이 장비들을 실어나르고 빈세트장에 덩그러니 혼자 앉아

세트 (SET)

거실 - 안방

10	세트장	거실		S	I	D	16	김감독 이미지를 떠올리면 흑백 판타지로 바뀌고, 상상에서 현
15B	세트장	거실		S	I	N	5~6	러쉬필름 - 오여사가 가방을 던지며 나가라 하고, 서럽게 오열
15C	세트장	거실		S	I	N		러쉬필름 - 오열하며 고목나무에 목을 매는 민자.
23	세트장	거실-안방		S	I	D	14	사업계획서를 보고,방문틈 사이로 오여사와 강사장을 바라보는
27	세트장	거실		S	I	D	9	형사 분장을 마친 황반장과 구박사가 들어오고, 분주하게 오가
32	세트장	안방 - 세트 주변		S	I	D	32	김감독에게 바뀐 대본에 대해 묻는 강회장, 사냥꾼이 불만을 t / 사를 한 호세가 서 있다.
34A	세트장	안방		S	I	D	13	아기를 강회장에게 보여주는 오여사. 컷 후에 오여사와 이민
41	세트장	세트 공간		S	I	D	36	실무진들과 회의를 하고, 최국장 오기 전에 빨리 끝내라는 백
42	세트장	거실 / 2층		S	I	N	28	여공들 사이의 어린 아이 사진을 오여사에게 보여주는 황반장
43	세트장	거실 - 안방		S	I	N	61	오여사, 김부장에게 열쇠를 건네고, 이민자가 강호세의 이복동 / 지며 급격한 전개에 넋이 빠진다.
52B	세트장	거실		S	I	N		리드미컬하게 인물과 공간을 끊지 않고 장면을 완성해가는 도중 / 며 박주사와 사냥꾼이 떨어진다.
55B	세트장	거실		S	I	N		강회장에게 불을 붙이고 실성한 표정으로 민자를 쳐다보는 오 / 를 들고 2층으로 올라간다.

등장인물	조단역	스탭A	스탭B	출조	특	기
감						
감	김감독아내					
감	김감독아내					
황 구		제작1		0		차량
감 한 조		연출1, 제작1				차량
감	평론가1.2, 젊은평론가			0		
	평론가1.2, 젊은평론가			0		
감 이 호 미 한 오 강 백 부	인기스타엄태구,강호세부인			0		
이 호 오 조	가방모찌(호세,민자,여사)	스탭A				차량
호 한		제작1				
부		제작1	세트1,2			
감 이 호 한 오 조 황 구	가방모찌(호세,민자,여사,유림)	스탭A		0		차량
감 미		스탭A		0		차량
감 이 호 오	영화사여직원					
이 호 오						
이						
감 이 호 오 강 조		스탭A				
감 오 조 황 구		기록,연출1,의상1				제작부제외
감 호 미 강 부 사 조 황 구	가방모찌(호세)	제작1,연출1,분장1	스탭B	0		
감 이 오 강 부		스탭A			아기더미	
감 미 백 부 조		촬영기사,조명기사				
오 황 구	주임여공	연출1				
감 이 호 미 오 강 부		스탭A			비, 오여사,강회장 대역	
감 이 호 미 한 오 강 백 부 사 조 황 구 박 최	문공부직원들,분장팀장,■■■장,촬영팀장,카메라맨수럽	(촬영기사,촬보1)/스탭A	스탭B,촬보3	0	비/화재/천장/와이어 박주사사냥꾼대역 강회장더미	
이 오 강					화재/비/강회장더미	

			S	I/E	D/N	#	내용
18C	세트장	공장	S	I	D	3	여공 옷 양이 자기자리에 앉고 촬영준비를 하는 스탭들
19	세트장	공장	S	I	D	14	공장을 돌아다니는 오여사와 강호세, 이민자. 여공금자가 신입
24	세트장	봉제공장	S	I	D	20	거미를 던진 여공의 등을 가위로 찌르는 한유림
25	세트장	창고	S	I	D	7	사냥꾼에 의해 창고에 갇힌 한유림이 창문을 뜯고 사라진다.
34B	세트장	과거 공장 내실	S	I	D	9	오여사, 어린 여공과 바람을 피우는 강회장 가슴에 가위를 찌른

세트장 공간 A							
2	세트장	세트장 밖	S	I	D	9	이민자, 강호세에게 동선을 설명하고, 클라이막스까지 한 번에
6	세트장	세트장 입구	S	I/E	D	5	김감독 택시에서 내리고, 셋트장 소품을 그대로 놔두라고 하는
9B	세트장	세트장 계단	S	I	D	5	2층 방에서 1층 세트장 계단으로 내려오며 영화 속 장면을 떠올
9C	세트장	빈 세트장 구석	S	I	D	1	바뀐 시나리오를 읽고 있는 미도
15A	세트장	구석	S	I	D	11	러쉬필름을 보는 김감독과 미도
18A	세트장	입구 통로근방	S	I	D	6	한유림이 도착하자 구석으로 강호세가 부른다.
18B	세트장	한쪽 구석	S	I	D	2	의상팀장과 분장팀장 잡담을 나눈다.
18D	세트장	입구 통로근방	S	I	D	3	김감독과 배우들 하나 둘 씩 세트로 들어선다.
21A	세트장	입구	S	I	D	18	미도가 한유림의 뺨을 갈기자 놀라는 조감독, 김부장
21B	세트장	한쪽 구석	S	I	D	7	김부장이 박주사를 보고 깜짝 놀라서 달려 나가고, 박주사를
22	세트장	세트장	S	I	D	13	힘들어하는 유림을 보고, 김감독에게 한유림의 임신 소식을 말
36	세트장	거실	S	I	D	2	바쁘게 뛰어가는 제작부들을 바라보는 오여사, 황반장, 구박사
39	세트장	세트 구석	S	I	D	13	사다리를 내려오던 미도에게 촬영 중단하라는 백회장.
40A	세트장	계단	S	I	D	5	지친기색으로 계단을 올라 2층 사무실로 들어가는 김감독
44B	세트장	세트	S	I	N	14	감독에게 시나리오의 궁금증을 물어보는 미도와 백회장, 주먹
45B	세트장	세트	S	I	N	8	김감독에게 한유림 분량부터 찍자는 강호세
48C	세트장	통로 - 세트장	S	I	N	7	호세 앞에서 훌쩍이는 유림. 계단을 내려오는 최국장일행과
49	세트장	통로 공간	S	I	N	5	촬영준비로 바쁜 가운데 세트장 위로 이어지는 사다리에서 내
52C	세트장	세트 뒤	S	I	N		미도와 김부장, 사다리를 타고 2층으로 올라가면 박주사, 사냥

고목나무 / 산장 / 산속							
29	세트장	고목나무 세드	S	I	Dk	21	몰입이 되지 않아 괴로운 강호세에게 죄책감을 연기히리는 김
37	세트장	고목나무 세트	S	I	N	41	사냥꾼 분장을 한 김감독, 이민자 연기를 칭찬하고, 영화 속
38	세트장	사냥꾼 산장	S	I	N	36	백회장이 들어와 촬영을 잠시 멈추고, 연애 관련 대화를 나누
46B	세트장	산속	S	I	N	37	건성으로 연기하는 한유림을 대신해 연기를 하겠다는 미도
48B	세트장	산속	S	I	N	4	스탭들이 빠르게 움직이며 촬영준비를 한다.
50	세트장	산 속 세트	S	I	N	36	미도의 연기가 마음에 들지 않는 최국장
52A	세트장	산 속 세트	S	I	N		한유림의 열연에 감탄하는 최국장.

분장실							
16A	세트장	분장실	S	I	D	6	분장을 받으며 바뀐 결말에 대해 얘기하는 오여사와 이민자
16B	세트장	분장실 옆 의상실	S	I	D	2	거울 앞에서 의상과 헤어를 점검하는 강호세
17	세트장	탈의실	S	I	D	8	형사 옷을 입는 구박사와 황반장
44A	세트장	분장실	S	I	N	11	바뀐 시나리오에 대해 얘기를 나누는 배우들
45A	세트장	분장실	S	I	N	8	도시락을 갖고 오면 잠에서 깨는 강회장, 감기기운이 있는 한
46A	세트장	분장실 내 휴게실	S	I	N	3	한유림을 깨우는 가방모찌
47A	세트장	분장실-통로-세트장	S	I	N	47	한유림 분장을 한 미도, 혼란에 빠진 가운데 문공부직원들과
51	세트장	분장실	S	I	N	3	조감독이 분장실을 들어가면 피분장을 받고 있는 한유림

세트장 감독방 / 제작사 사무실							

장면	감/김	이	호	미	한	오	강	백	부	사	조	황	구	박	최	대상	스탭1	스탭2	0	비고
																	스탭A		0	
을 데리		이	호		한	오										금자,은자,동자,주임여공			0	
					한					사						금자,은자,동자,주임여공			0	거미
			호		한					사						은자,동자,주임여공	촬영기사,촬보1	촬보2	0	
						오	강									어린여공				
감독.	감	이	호								조						스탭A			
눈이	감								부									세트1,2	0	차량
독	감																			
				미																
	감			미							조						기록			
			호		한						조	황				가방모찌(유림)	스탭A			
																분장팀장,의상팀장	스탭A			
	김	이	호			오					조					가방모찌(호세,인자,여사,유림)	스탭A			
				미	한				부		조	황	구							
				미					부					박			스탭A			
.	감		호		한											기록	스탭B			
						오						황	구				제작1,연출1		0	
				미				백	부								스탭B			
	감																			
는 제작	감			미				백								가방모찌(유림,인자,여사)	제작1		0	
	감		호														기록		0	
독을 바	김		호		한			백			조				최	문공부직원들	스탭A			
	감			미							조							스탭B		
.				미					부	사				박						바닥
	감		호	미	한					사	조					가방모찌(유림)	촬영기사,촬보1,기록			
유림을	감	이		미	한						조						스탭A			유림대역/와이어/밧줄
한유림	감	이	호		한			백	부		조						스탭1	스탭B		천둥번개
	강		호	미	한						조						스탭A			덫 상처
											조						스탭A	스탭B		
	감			미				백			조				최	문공부직원들	스탭A			
	감		호	미	한			백			조				최	가방모찌(유림),문공부직원들,카메라인수팀	(의상1,연출1)스탭A			
		이	호			오										분장팀장,가방모찌(민자,여사)	분장1			
			호													의상팀장,가방모찌(호세)	의상1			
												황	구				의상1,제작1		0	
		이	호			오	강													
스러운		이	호		한	오	강									가방모찌(유림,민자,여사)				
					한											가방모찌(유림)				
이 들어	감		호	미	한	오		백	부		조	황	구		최	분장팀장,의상팀장,문공부직원들	(분장1,의상1)스탭A		0	
					한						조					분장팀장,의상팀장				

디자인의 관건은 70년대 촬영 현장의 구현이었다. 대부분의 촬영을 조악한 세트장에서 했던 당시 영화 현장을 구현해야 했고, 아울러 의상과 분장은 물론 소품과 촬영 장비 등도 고증을 거쳐야 했다. 공간적으로는 영화 속 영화 현장, 그리고 이를 찍는 촬영 현장, 그리고 실제 우리가 확보해야 할 촬영 공간의 삼중 레이아웃을 가져야 했다. 제한된 예산 안에서 이를 모두 한 공간에 배치하는 작업을 해야 했다. 최종적으로 미술팀의 이런 고민은 당진의 모든 세트장 공간이 한 공간도 남김없이 모두 촬영 현장이 되는 결과를 이루었다. 규모를 적절히 해서 하나의 세트에 여러 공간, 즉 저택의 거실과 방직공장, 성당이 한 세트에 들어가게 하고, 공간과 공간 사이 또한 촬영 현장으로 다시 구성했다.

아울러 당진 세트 벽면과 2층은 사무실 입구로 재구성되고, 실제 당진 세트 사무실 등은 영화 속 신성필름 사무실로 둔갑했다. 당진 세트는 두 개의 큰 세트가 연결되어 있는데, 한쪽에는 집, 거실, 공장 등의 건축물을, 다른 세트에는 산속 같은 실외 세트를 구현했다. 세트 사이의 연결 공간마저도 촬영 현장으로 구성하는 신박함을 이루었다. 결국 전체 촬영 기간 중에 외부 로케이션 촬영은 2회차에 국한할 수 있었다.

영화의 구조가 액자식 구성으로 되어 있어 영화 속 영화는 흑백으로, 현장은 컬러로 표현했다. 흑백 전환은 카메라 기능으로 쉽게 처리되는 것이지만, 70년대 영화의 느낌을 구현하고자 LED 조명기가 아닌 예전에 사용하던 텅스텐 조명기를 사용했고, 콘트라스트 부분을 세심하게 설정했다. 아울러 한 세트에 촬영 공간을 다 집어넣으니 공간이 제한되어서 두 대의 카메라가 충분한 화각을 갖는 것이 곤란한 경우가 많았다. 영화 속 영화의 앵글을 얻어야 함과 동시에 아울러 그 영화를 찍는 현장도 담아야 하는 앵글 역시 많은 고민과 시도가 필요한 고난도의 작업이었다.

또한, 영화 속 화재 장면은 실제 세트장에 불을 놓아야 하는 터라 안전사고는 물론, 불로 훼손된 세트에서 재촬영이 이루어질 경우, 이를 어떻

게 효율적으로 진행할지도 관건이었다. 아울러, 몹신(mob scene)이어서 효율성과의 싸움은 중요한 요인이었다. 특수효과팀과 촬영팀의 많은 고민과 노력은 촬영 현장에서 증명이 되었다.

▶촬영, 전투의 시작

드디어 촬영 시작. 첫 촬영은 용산역 주변의 노포에서 시작했다. 영화의 첫 장면은, '김감독'이 밥을 먹다가 평론가들에게 비아냥을 듣는 장면이다. 〈나의 아저씨〉의 촬영 장소였다고도 하는데, 오래된 용산역 뒷골목을 걷는 '김감독'의 모습은 김추자의 노래가 흘러나오는 영화의 시작을 떠오르게 하기에 충분했다. 첫날 무난하게 촬영을 마치고, 본격적인 촬영을 위해 당진으로 이동했다. 당진 세트장 주변에 적당한 숙소가 없어서 서해대교 건너편인 평택 포승공단의 호텔을 메인 숙소로 해서 촬영에 돌입했다. 본격적인 전쟁이 시작됐다. 이른바 '코로나와의 전쟁' '시간과의 전쟁' '예산과의 전쟁' '사람과의 전쟁' '게릴라같이 터지는 잔사고와의 전쟁' 등등. 전면전부터 국지전까지 숱한 전투가 눈앞에 있었다.

일단 첫 번째 넘어야 할 산은 코로나와의 전쟁이었다. 집합 인원의 제한은 완화되었지만, 그래도 확진자는 보름간 격리되어야 해서 감독 혹은 주연 배우나 주요 스태프가 확진될 경우 일정에 차질이 생길 게 명확했다. 몇몇 배우는 드라마를 병행하면서 촬영장을 오가기도 해서 우리만 조심해서 해결될 문제도 아니었다.

가급적 촬영장과 숙소 외에 출연자들의 다른 동선을 최소화하는 것을 원칙으로 하고, 이른바 '핀셋 전략'을 세웠다. 즉, 확진자가 발생하면 해당 인원만 즉각 격리 조치하고, 다른 사람들은 정상 업무를 하는 것을 기본 전략으로 했다. 이는 발병 시 즉각적인 격리 조치와 업무 공백을 메워야 하는 작업이었다. 코로나 전담팀을 두어서 매일 아침 전 스태프를 대상으로 키트 검사를 하고, 확진자가 발생하면 즉각적인 격리 업무를 하도록 했다. 촬영 직전 최종 리허설 날, 한 배우의 매니저가 코로나 키트 양성 반응이 나와 배우를 포함한 그 차의 탑승자들이 차에서 내리지도 못하고 그대로 회차했다. 다행히 동승했던 배우는 수일이 지나서도 음성 반응이 나와 현장에 합류했다. 코로나와의 전쟁은 첫날부터 많은 긴장과 스트레스를 주었지만, 정작 촬영이 시작되고 나니 코로나로 인한 일정 차질은 발생하지 않았다. 물론 양성 반응이 없지는 않았다. 감독과 피디, 촬영감독을 제외하고 한 번

씩은 다 걸린 것 같다. 다만, 핀셋 전략을 잘 수행한 덕에 큰 문제는 없었다. 집단감염 없이 순차적으로 코로나에 걸린 게 복이라면 복이었고, 무엇보다 주의를 잃지 않고 기민하게 움직여 준 제작실장을 비롯한 제작팀의 헌신과 노력이 가져온 결과라고 생각한다.

▶영화 동지 열전

김지운 감독과 송강호 배우, 그리고 제작자 최재원의 조합은 2007년 〈놈놈놈〉을 시작으로, 2015년 〈밀정〉에 이어, 2022년 〈거미집〉으로 이어졌다. 그사이에 각자의 분야에서 베테랑이 된 영화 동지들.

보통의 감독들은 몇 번 같이 일하며 친분이 쌓인 연하의 배우라면 통상 편하게 대화를 하지만 김지운 감독은 유독 송강호 배우에게 말을 낮추지 않는다. 그렇다고 경어를 쓰는 것은 아니지만 함부로 이름을 부르지도 않고, 늘 말투에서 존중이 느껴진다.

굳이 말하지 않아도 그 시점, 그 공간에서 서로 무엇을 원하는지 알고, 무엇을 해야 하는지 아는 사람들. 오랜 동지들이 주도하고 함께하는 창작의 공간은 그래서 즐겁고 든든하다. 영화 동지는 우리만이 아니었다. 앞서 말한 촬영·분장·의상·미술 등 헤드 스태프는 물론이고 제작부와 연출부, 심지어 밥차 사장님까지도 동지 반열에 들어간다. 오랜 영화 동지들이 펼치는 시간들은 한순간마저도 값지고 놓치기 아까운 시간들을 만들어냈다. 영화 동지들이 만들어내는 시간들은 내가 다시 이런 현장을 경험할 수 있을까 하는 느낌이 들게 했다.

▶배우들 열전

〈거미집〉은 앙상블 영화를 표방했다. 그만큼 배우들이 만들어내는 앙상블이 영화 전체에서 가장 중요한 요소였다. 송강호 배우가 극 중 감독 역할처럼 중심을 잡고, 여기에 대선배인 박정수 배우를 필두로 오정세, 장영남, 임수정 배우가 안정적인 현장 분위기를 만들어주고, 전여빈, 정수정 배우가 활기차게 앙상블을 완성시킨다. 완벽한 신구의 조화랄까? 돌아볼 때마다 그립고 웃음이 배어 나오는 장면들이다.

완벽한 캐릭터 해석과 누구와도 멋진 앙상블을 선보이는 세련된 '김감독' 역의 송강호 배우는 매 숏마다 명불허전이 무엇인지 증명했다. 촬영 중간에 칸영화제에 참석하여 남우주연상을 받았고, 영화 〈브로커〉 홍보 활동 등 무리한 일정을 소화하느라 현장에서 목소리가 안 나올 정도로 체력이 고갈되었음에도, 오히려 그 컨디션을 갈등과 고뇌에 휩싸인 초췌한 '김감독'으로 표현했다. 고단함을 지켜보며 안쓰럽기도 했으나 이내 친구지만 존경스럽다는 생각이 들었다.

영화가 처음이라며 늘 부족하다고 말씀하시던 박정수 배우. 하지만 베테랑다운 연기력은 물론이고, 현장에서 어머니처럼, 큰누나처럼 살펴주시던 모습이 그립다. 분위기가 처지면 흥을 돋워주시고, 지치면 먹을 것을 건네며 다독여 주시면서 현장의 고단함을 덜어주셨다. 입으로는 힘들다는 말을 달고 계셨지만, 누구보다 힘찬 에너지로 현장을 지켜주셨다. 어른이 우리에게 필요한 이유를 보여주었다고나 할까? 하물며, 이토록 즐거운 어른이란!

20년 만에 같이 하는 작업이지만 우리에게는 영원한 소녀 같은 임수정 배우. 첫 리딩을 하는 자리에서 1970년대 배우를 재연하는 어투를 구사해 모두를 깜짝 놀라게 했다. 뿐만 아니라 생전 하지 않던 이마를 드러내는 스타일까지 시도했다. 그녀의 철저한 준비와 프로다운 자세는 물론, 촬영 내내 진정한 '이민자'로 살아준 그녀에게 다시 한번 감사!

시나리오를 받은 지 불과 몇 시간 만에 모든 조건을 차치하고 달려와준 오정세 배우. 〈거미집〉이 가지고 있는 코미디를 모두 감당해 주었다. 매 순간 끊임없는 아이디어와 성실함으로 현장의 활력소가 된 소중한 배우였다. 그가 있는 촬영장은 웃음과 따뜻함이 남달랐다.

영화에서 가장 독특한 캐릭터인 '미도' 역의 전여빈 배우. 〈밀정〉에서 단역으로 만났지만, 그사이 놀라울 만큼 성장한 배우. '미도'로 살아줬고, 극 중 '미도'처럼 영화에 대한 애정과 두 명의 '김감독'을 향한 존경과 애정을 내내 보여준 사랑스러운 배우. 코로나로 인한 촬영 환경에 가장 혹독한 시간을 보냈음에도 일고의 티도 내지 않던 근성에 박수를 보낸다.

막내인 '크리스탈' 정수정 배우. 그녀 역시 시나리오를 받자마자 강한 의지와 애정으로 달려와 준 배우 중 하나다. 그럼에도, 다른 배우들에 비해 영화 경험이 상대적으로 적어 약간의 우려를 했으나 첫 등장에서 그런 염려를 싹 날려준 천생 극 중 '유림'이었던 '본투비' 여배우 정수정. 막내의 사랑스러움과 오랜 데뷔 경력으로 다져진 단단함이 공존하는 아름다운 이 배우에게 찬사를 보낼 수밖에.

극 중 '백회장' 역을 맡아준 장영남 배우. 말을 잊게 하는 정확한 연

기는 물론 카리스마와 열정은 현장에서 가장 소중한 에너지였다. 출장을 가던 '백회장'이 유턴해서 돌아와 폭풍이 몰아치듯 '김감독'을 질타하는 장면을 촬영하던 날이 잊혀지지 않는다. 그냥 일반적인 장면이라 생각했는데 장영남 배우가 신을 완전히 장악하면서 모두의 기대를 훌쩍 뛰어넘는 〈거미집〉의 하이라이트 장면 중 하나가 탄생했다. 완벽한 연기와 좌중을 압도한 에너지는 현장에 있던 우리 모두가 '백회장'이 대사를 마치고 감독이 컷을 외치는 순간, 자기도 모르게 손뼉을 치게 했다. 박정수 배우와 다른 배우들 사이에서 가교 역할도 해주고, 성실함과 부드러움으로 현장을 지켜준 장영남 배우에게 거듭 고맙다.

지금까지 거론된 주조연 배우들과 함께 기억해야 하는 배우들이 또 있다. 바로 김민재 배우와 김동영 배우다. 어느 배우들보다 우리에게 친숙한 배우들이 아닐까 싶다. 제작자로서 이들을 추억해 보고자 한다.

김민재 배우. 얼마 전 모 방송 프로그램에서 김민재 배우가 가족과 함께하는 일상이 방송되었다. 누구보다 친근한 모습이 반갑기도 했지만, 둘째 아이의 모습을 보는 것이 무엇보다 반가웠다. 〈거미집〉 촬영 때 김 배우의 아내가 만삭이었고, 때문에 촬영 내내 마치는 시간이면 전화로 안부를 물었고, 촬영 스케줄이 떨어지면 제주도 집으로 향했었다. 그렇게 건강한 아기가 태어나고 모두에게 너무도 예쁜 신생아 사진을 보내왔었다. 방송에서 그 아이의 모습을 보니 반가울 수밖에 없었다. 김민재 배우는 묘한 존재감이 있는 배우다. 어떤 배역이든 너무도 자연스럽고 배우와 스태프 사이에서 구분조차 되지 않을 정도의 친밀감을 가지고 있다. 박정수 선생님이 극 중 김부장의 연기를 보고 "저 스태프는 어쩜 저렇게 연기를 잘해!" 하셔서 "김민재 배우잖아요" 그랬더니 "아니 난 지금까지 우리 스태프인줄 알았어. 스태프들이랑 잘 지내고 일도 같이 하고 하던데!" 하던 말은 김민재 배우의 모습을 단적으로 보여주는 것 같다. 김민재 배우와의 인연은 2007년 〈놈놈놈〉 촬영 때로 거슬러 올라간다. 〈놈놈놈〉은 많은 스태프와 단역 배우들이 함께 한 작품인데, 그 많은 사람 중에 성실하고 우직한 한 사람을 만났다. 그때 나 역시 처음에는 스태프인줄 알았다. 이렇게 시간이 흘러도 언제나 한결같은 점이 김민재 배우의 매력이다. 자신의 연기는 물론 현장에서 모든 사람을 배려하고 고락을 함께하는 모습은 나에게도 많은 것을 가르쳐주었다. 오랜 기간 무명의 세월을 보냈던 내공이 헛된 시간이 아니었음을 모두에게 보여준 참 따뜻하고 든든한 친구이다.

김동영 배우. 〈밀정〉을 촬영하던 2015년 가을, 우리 팀 숙소인 상하이 호텔방 한쪽에서 프로야구 한국시리즈 경기에 환호하는 소리가 들렸다. 두산과 삼성의 경기였는데, 3위부터 올라온 두산이 4–1로 승리를 확정하는 날이었다. 김지운 감독님이 LG 팬이라 서울 천적인 두산을 응원하던 나는 감히 티도 내지 못하고 있었는데, 덕분에 팬으로서의 기쁨을 만끽할 수 있었다. 이 함성의 주인공은 김동영 배우였다. 늘 소년의 이미지를 갖고 있는 김동영 배우는 서른이 훌쩍 넘은 중견(?) 배우다. 〈밀정〉에서부터 역할의 크기와 상관없이 최선의 연기를 보여주었고, 촬영 이면에선 스태프들처럼 우리 팀과 늘 함께하던 살뜰한 성격의 배우였다. 〈거미집〉에서도 '조감독' 역할을 맡아서 현장 안팎에서 진짜 조감독 같은 역할을 해주었다. 캐스팅 과정에서도 감독님은 별 고민 없이 김동영 배우를 떠올렸고, 그는 또 흔쾌히 참가를 결정해 주었다. 그렇게 〈거미집〉의 '조감독'은 배우로 식구로 합류했다. 영화에서 보듯이 정말 '조감독'처럼 감독 옆에서 배우들 옆에서 실제 조감독보다 더 조감독스러운 연기를 보여주었다. 본인 분량의 촬영이 없을 때는 세트 밖에 있는 원두막에서 단역 배우들과 함께 어울렸고, 숙소에 도착해서 저녁을 먹을 때는 스태프들과 스스럼없이 함께했고, 밤에는 술방에서 마치 매니저처럼 선배들을 챙겼다. 배우 이전에 참 따뜻하고 다감한 사람이었다. 분명 불편하고 힘든 구석이 있을 텐데 전혀 내색조차 하지 않고 촬영 내내 한결같은 모습을 보여준 김동영 배우에게 이 자리를 빌려 감사 인사를 전한다. 〈거미집〉 촬영 이후 변변한 자리는커녕 식사 한번 못한 것에 대해 미안한 마음도 함께….

〈거미집〉은 본격적인 앙상블 영화라고 불린다. 주조연 배우들의 연기는 말할 것도 없지만, 지금 거명하는 배우들로 인해 앙상블이 완성되었다고 해도 과언이 아닐 것이다. 큰 역이 아님에도 흔쾌히 동참해 준 베테랑 배우들로 인해 영화의 빈 곳이 차곡차곡 메워졌다. 극 중 '최국장' 역할을 맡아 클라이맥스로 이어지는 긴장을 만들어준 장광 배우, '사냥꾼' 역과 '박주사' 역으로 웃음의 포인트를 절묘하게 엮어준 정인기 배우와 장남열 배우, 그리고 극 중 '황반장' 역을 맡아서 묘한 웃음과 극의 전개를 만들어준 정기섭 배우, 연기는 물론이고 탁월한 일본어 실력으로 극 중 일본어 대사까지 지도해 준 김중희 배우, 촬영 첫날을 열어준 '평론가' 역의 이양희 배우와 배성일, 김현준 배우, 끝으로 극 중 '강회장' 역을 맡아준 김재건 배우. 이분들의 경험과 노련함이 어떤 때는 힘으로, 어떤 때는 위안으로 작용하면서 촬영이 의도대로 진행될 수 있었다고 생각한다. 현장에서 다 전하지 못한 감사의 인사를 이 책을 통해 드리고 싶다.

그리고 〈거미집〉 제작자로서 모든 시간을 함께해 준 단역 배우들에게도 제일 감사하고, 그럼에도 제대로 챙기지 못해서 미안한 마음이 앞선다. 〈거미집〉은 영화 현장이 무대인 영화였기에 주조연 배우들 외에 극 중 영화 스태프 역을 연기했던 많은 배우들이 있었다. 대사가 있는 배역도 있었지만, 대부분 대사보다는 적절한 액션만 있었다. 시간이 지나 다시 〈거미집〉을 살펴보니 단역 배우들의 노고와 열정이 영화를 꽉 채워줬다는 생각이 든다. 복숭아 통조림의 주인공은 당연히 복숭아지만, 통조림을 가득 채운 시럽이 없으면 존재할 수 없는 것처럼 말이다. 꼭 이 배우들의 이름을 거명하고 싶다. (배우 파트에 조단역 배우의 글들을 담았으니 이 부분에서 다시 글을 보셔도 좋을 것 같다.)

¶ 스크립터 역: 강채영
뉴욕에서 영화를 전공한 재원. 타고난 끼와 명석함으로 극 중 감독 옆에서 현장을 기록하는 '스크립터' 역을 깨알같이 수행해 줬다.

¶ 촬영기사 역: 김문학
¶ 촬영팀: 김흥국, 조윤담
뽈랑세깡스를 설명하고 촬영하는 '촬영기사' 역을 훌륭히 지켜준 김문학 배우. 실제 현장 같은 분위기를 만들어내는 데 가장 큰 역할을 하는 인물이 되어주었다.

¶ 영화사 여직원 역: 정미형
¶ 제작부 역: 조승구
가장 개성 있는 캐릭터를 뽑으라면 나는 단연코 '영화사 여직원' 역을 고를 것이고, 가장 현실적인 캐릭터를 고르라면 조승구 배우가 맡은 '제작부' 역할을 꼽을 것이다. 이들의 연기를 찾아서 보는 것도 〈거미집〉의 색다른 매력이 아닐까 싶다.

¶ 연출부 역: 김민하
¶ 조명감독 역: 이승진

얼마 전 서비스를 한 〈삼식이 삼촌〉에서 이들을 찾아보는 건 어떨까? 촬영 현장은 물론 많은 시간을 제작진과 보내면서 사람 냄새 풀풀 나던 이들을 다른 작품에서도 만날 수 있는 것은 상당한 기쁨이다.

¶ 문공부 직원 역: 이진한
¶ 촬영보조2 역: 조윤담

〈밀정〉 촬영 때 단역 배우로 참여했지만 사실상 제작부의 일원이었던 두 사람. 〈거미집〉에서 묵묵히 주어진 연기를 능청스럽게 하고, 늘 현장 일손의 빈 부분이나 궂은일을 슬쩍 처리하는 식구 같은 친구들. 이들의 따뜻한 마음을 기억하는 것은 당연한 일이다.

¶ 분장팀장 역: 조지승
¶ 분장팀 역: 강다은

단역을 마다하지 않고 기꺼이 참여해 준 조지승 배우, 선배들 사이에서 힘들었을 텐데도 씩씩하게 제 몫을 다해준 강다은 배우. 극 중 분장팀의 활약은 실로 눈부셨다.

¶ 이외
의상팀장 역: 김서현
의상팀 역: 이해아
소품기사 역: 박현철
가방모찌 역: 이혁, 김수아, 신연미, 허명진
촬영보조 역: 김흥국
조명보조 역: 이선우, 남중규
세트팀 역: 임영준, 김준범
과거 세트장 직원 역: 이두석, 변동욱

등

어느 영화든 단역 배우들의 노력이 덜 알려지기는 한다. 하지만, 유독 이 배우들의 이름을 거론하는 것은 사실, 거의 모든 장면에 다 등장하는 터라 촬영 내내 함께했던 〈거미집〉의 주역들이기 때문이다. 〈거미집〉의 모든 장면과 공간을 구석구석 채워주고 메워준 것뿐 아니라 많은 시간을 함께해 준 것에 대해서 참여해 준 단역 배우들에게 깊은 감사를 전하고 싶다. 〈거미집〉 현장을 돌아보면서 촬영장 앞 원두막에 모여 촬영 순서를 기다리던 그들의 모습이 눈에 선하게 떠오르면서 단역 배우들의 소중함이 새삼 느껴졌다. 당신들의 열정과 노력이 우리 영화는 물론 한국 영화의 힘이라고 전하고 싶다.

여기에 스태프들과의 '케미'가 가세하면서 매끄러운 진행이 계속됐다. 전체 59회차 촬영 중 촬영 시간을 오버한 회차가 거의 없을 정도였다. 그만큼 불평이나 불협화음도 거의 없었고, 코로나의 엄혹한 환경에도 평안한 하루가 반복되었다. 물론 단단한 프리프로덕션 과정도 한몫했지만, 코로나로 인해 발생했던 돌발 상황도 스태프들과의 협력과 조화 덕에 무사히 넘길 수 있었다. 영화가 가져야 하는 협업의 본질이 경험되고 증명된 시간이었다.

▶포스트프로덕션

59회차, 3개월여의 촬영을 무사히 마쳤다. 극장 시장이 안 좋아서 아직 배급 시기가 특정하게 정해지진 않았지만, 영화의 소재나 완성도를 봤을 때 칸영화제 등 해외 영화제를 가자는 말이 조심스레 나왔다. 시기적으로는 베니스영화제 등이 가장 근접하나 3개월 만에 후반 작업을 모두 마칠 수는 없었다. 굴지의 영화제로는 현실적으로 베를린영화제가 가장 가까웠지만 영화제의 색깔과 맞지 않는 것 같았고, 해외 전문가인 최윤희 부사장이 바른손이앤에이에 포진한바, 추후 배급사 의견에 따르기로 하고 우리는 영화의 완성에 매진키로 했다.

남은 작업은 편집 → 후시 녹음 → VFX → 파이널 믹싱, 색 보정의 순서로 해야 했다. 물론 관건은 편집이다. 어찌 보면 본격적인 김지운 감독의 사투가 시작되는 시간이다. 제작자인 나는 분명 동지지만 한편으론 은근한 압력자가 되어야 했다. 편집본이 반복적으로 나오고, 편집실에서의 지난한 작업이 시작되었다. 양진모 편집감독의 정성이 더해지면서 편집실에서의 숨소리는 더욱 정교해진다.

최종 132분. 제작자로서는 더 줄이고 싶었지만, 내가 봐도 이게 최선이다. 더 줄이면 이도 저도 아닌 영화가 될 것이 명백했다. 최종 편집본을 투자사와 마케팅팀에 공유했는데, 매우 긍정적인 반응이 나왔다. 흥행은

며느리도 모르는 일이지만, 관계자가 좋아해 주니 마음이 많이 편해지긴 했다. 최소한 부끄러운 작업은 아니었구나라는 생각이 들었다. 그러면서 슬쩍 흥행에 대한 욕심이 올라오긴 했다.

후시 녹음으로 넘어가고, 촬영 종료 후 배우들과 다시 만났다. 후시 녹음은 동시 녹음의 보완은 물론, 편집 과정에서 확인된 부족한 부분을 채워주는 중요한 작업이기도 한다. 몇 달이 지나지도 않았는데 배우들과의 반가운 해후는 멀리 떨어진 가족을 오랜만에 만난 것처럼 새롭고 정겹다. 후시 녹음은 장면을 보면서 녹음을 해야 하는 작업이다. 때문에, 전체 영화가 아니라 각자 자신들의 분량만 담겨 있지만, 편집본을 처음 접하게 된다. 녹음이 시작되고 마치 현장에서 연기하듯 대사를 다시 하는 배우들을 보면 "역시!" 하는 감탄이 나온다. 그렇게 후시 녹음까지 마친 편집본에 감독의 컨펌이 난 VFX 장면이 보완되고, 다시 최종적으로 색 보정과 함께 음악과 효과까지 입혀지는 파이널 믹싱이 끝나면 영화 작업은 대단원의 막을 내린다. 물론 해외 버전에 따른 작업들이 남아 있고, 해외 영화제에서의 공개 이후 반응에 따라 추가 편집이 있을 수는 있다.

2023년 2월, 3년에 가까운 〈거미집〉 작업이 마무리되었다.

▸제작자의 일상

영화 촬영이 시작되고, 개봉을 해서 관객을 만나면 모든 스포트라이트가 감독과 배우에게 향한다. 흥행에 성공하면 화려한 조명이 비추는 반면, 실패하면 종종 그 부담을 짊어지게 되는 경우가 있다. 이때 제작자는 감독과 배우에게 정말로 미안하다. 물론, 경제적인 부담과 함께 결과에 대한 실질적 책임은 모두 제작자가 떠안지만 그건 본래의 역할이니 억울해할 것도 없는 일이라, 그저 감독과 배우에게 미안해진다.

현장에서 나의 역할은 '빵셔틀'이 아닐까 싶다. 감독 이하 모든 스태프와 배우들이 각자의 역할과 영역이 있는 반면, 제작자는 딱히 정해진 역할이 없다. 모든 것에 관여할 수 있지만, 스태프들이 알아서 잘하면 그저 바라볼 뿐이다.

그들이 잘할 수 있도록 열심히 맛있는 '빵'을 사서 나르고, 불편한 부분이 없는지 살피고, 기분이 나아지게 하고…. 그래서 참여하는 모두가 자신의 역할을 충분히 그리고 즐겁게 발휘하도록 하는 것. 그것이 제작자의 역할이 아닌가 싶다. 김지운 감독이 기억하는 박정수 선생님이 들고 오시는 단팥빵과 소금빵은 이 빵셔틀의 결과였다.

제작자는 혼자 바쁜 일이기도 하지만, 제작부 스태프들이 '아부지'라고 부르면서 속내를 말하기도 하고, 나의 노력으로 현장이 무난해지는 것을 보면 더없이 보람을 느끼기도 한다.

촬영을 마치고 각자의 방에 불이 꺼지면 나의 하루도 그제야 끝이 난다.

▸촬영 첫날

본격적인 촬영 전에 고사를 지내기로 했다. 보통 서울 사무실에서 외부 손님도 부르고 한바탕 거하게 고사를 지내왔지만, 코로나 형국이라 넘겼다. 하지만, 앞으로의 여정을 생각하면 그냥 넘어갈 수는 없었고… 촬영 첫날 현장에서 조촐히 지내기로 했다. 최소한의 제물과 모양을 갖추고, 최정화 이사가 집 근처 떡집에서 준비해 온 고사떡을 올렸다. 모든 배우들과 스태프들이 모이지는 못했지만, 배우들이 분장하고 의상을 입은 채 고사를 지내니 남다른 느낌이었다. 본격적인 출발 같은.

고사를 마치고 고사상을 치우는데, 통상 돼지머리에 놓이는 의례적인 봉투가 아니라 예쁜 손 글씨가 정성스레 적힌 봉투가 있었다. 박정수 선

생님이 놓아두신 봉투였다. 정성도 그렇고 그 봉투는 여러 의미에서 소중했다. 아직 그 봉투는 물론이고, 안에 있었던 돈마저도 보관하고 있다. 아직도 그 돈은 우리가 쓰는 돈과는 다른 것 같은 느낌이다.

첫 번째 오케이가 나온 첫날이지만 역시 베테랑이 모인 현장은 한동안 촬영을 진행 중이었던 것처럼 무던하다. 탐색전이 이뤄진 낯선 시간은 밥차를 처음 만난 점심시간뿐이었다. 각자 좋아하는 반찬이 있는지, 음식 맛은 어떤지 기대에 찬 탐색을 하면서 말이다. 아 참! 배우들이 처음 조우하게 된 곳인 아침의 분장실을 소개해야겠다. 첫날은 박정수 선생님과 오정세 배우와 임수정 배우가 등장하는 날이었다. 물론 '김감독' 역의 송강호 배우는 당연히 출연하는 날이었고. 송강호 배우가 먼저 분장을 받았고, 박정수 선생님과 임수정 배우는 시대극에 걸맞은 헤어스타일로 변신해야 해서 분장에 꽤 많은 시간이 소요되었다. 배우들의 본격적인 상견례는 이곳 분장실에서 시작된다. 스태프 중 나와 가장 오래 일한 식구가 김서영

분장실장이다. 현장에서 다시 만나는 것은 제작자로서 참 뿌듯하고 든든한 일이다. 배우들의 편안한 인사가 오가고, 이른 아침이라 아침 겸 먹거리도 서로의 손과 손에 오가면서 마치 시골 미장원(?) 같은 분위기가 연출되기도 한다. 촬영 전 본격

적인 아이스브레이킹이 시작된다고나 할까? 그때 마침 오정세 배우가 분장실에 등장했다. 박정수 선생님을 보고 "안녕하세요, 선생님!" 하고 인사를 건넸다. "어 정세구나… 근데 무슨 역이지? 박주사?" 오정세가 "아뇨! 저 호세 역인데요!" 하자 박정수 선생님은 "뭐 네가 호세라고? 그럼 네가 내 아들이라고?" 하신다. 난 순간 빵 터졌고 순식간에 분장실은 웃음바다가 되었다. 촬영 첫날은 이렇게 무난(?)하게 출발했다.

둘째 날이 되었다, 아침에 코로나 자가 진단키트로 검사를 하고 현장으로 향했다. 입구에서 코로나 체크하는 것을 확인하고, 도착하자마자 분장실로 올라가서 일찍 도착해 있는 배우들에게 인사를 하고, 다시 사무실

에 들러 제작부를 독려하고 나서야 식당으로 갔다. 아침밥을 푸면서 밥차 사장님과 인사하며 가벼운 수다를 떤다. 주방에 있는 밥차 사모님한테 인사하는 것은 절대 잊으면 안 되는 일이고…. 아침을 먹고 다시 현장에 들어가서 촬영을 준비 중인 스태프들을 돌아본다. 다른 세트에서 준비하고 있는 미술팀도 돌아보고… 낯빛이 안 좋거나 불편한 구석이 보이는 스태프들이 없는지 후루룩 돌아본다. 모두와 한 번씩 인사를 나누고 나면 스테이션으로 와서 촬영 시작을 함께 한다. 그리고 김지운 감독의 연출이 본격화될 때쯤 슬며시 현장을 빠져나온다. 터미널 근처에 봐둔 빵집이 있어서다. 이건 사실 나의 루틴이기도 하지만, 지방 촬영을 하게 되면 그 동네에서 가장 유명한 빵집을 찾는다. 대전이나 군산처럼 전국구 빵집이 있는 곳도 있고, 은둔 고수처럼 지역에서만 유명한 빵집이 있기도 하다. 〈거미집〉이 촬영 중인 이곳 당진에서는 터미널 근처에 있는 독×빵집이 유명하다. 방송 프로그램에도 소개될 만큼 꽈배기가 유명한 곳이고, 구워져 나올 때마다 매번 완판이 되는 곳이다. 특히 이곳에서 만드는 소금빵이 아주 예술이다. 유레카! 게다가 계란과 유제품이 하나도 들어가지 않은 구운 떡 같은 빵도 있었다. 배우 중에 완전 비건이 있어 음식을 준비할 때 늘 조심스러웠는데 뜻밖의 수확이었다(많이 사기도 했지만 촬영 기간 내내 거의 매일 들르니 자연스레 단골이 되어버렸다). 소금빵과 구운 떡을 사서(작은 포장은 감독님 전용, 큰 봉지는 현장 배우용, 중간 봉지는 분장실용) 들고 현장에 복귀했다.

현장, 특히 서울과 거리가 있는 지방에서 빵을 맛보게 될 때 배우나 스태프들이 참 좋아한다. '다이어트'를 외치면서도 한껏 에너지를 보충하는 느낌이다.

현장을 자유자재로 들락거려도 아무 탈이 없는 스태프인 제작자만이 할 수 있는 가장 큰 역할 중 하나가 바로 '빵셔틀'이다. 〈거미집〉에서 '강호세'가 대사 중 물고 말하는 빵이 바로 그 꽈배기다.

나는 촬영 날이면 하루에도 몇 번이나 빵셔틀을 책임졌다. 일반적인 빵셔틀과의 가장 큰 차이는 아무도 시키지 않았다는 점이다.

분장실에 빵을 한 봉지 전하고 나서 나머지 빵을 들고 스테이션에 온다. 점심시간이 좀 남아서인지 소금빵이 금세 동이 난다. 집중해야 하는 배우에겐 빵이 만든 잠깐의 부산함조차 신경 쓰인 모양이지만, 연기를 마치고 돌아와서는 이내 소금빵을 찾는다. 그사이 동나버린 빵 봉지를 보고 무안하게 돌아서는 배우에게 나는 미리 빼놓은 소금빵을 건넨다. 환하게 웃는 모습을 보며, 이게 제작자의 역할이지 하고 속으로 뿌듯해한다.

▶술방

　촬영을 마치고 숙소에 복귀하면 자기 전까지 술 한잔의 휴식이 필요한 경우가 많다. 주로 숙소 주변의 맥줏집에서 자리를 가지는데, 아무래도 사람들의 주목을 받을 수밖에 없고 아주 편한 자리가 되기 힘든 경우가 많았다. 그래서 종종 배우들의 숙소 방에서 가볍게 한잔하는 일이 많았는데, 쉬는 공간에서 술판을 벌이는 것도 미안했고, 여러모로 불편한 구석이 많았다. 그래서, 생각한 방편이 이른바 '술방'이었다. 숙소에 방 하나를 더 마련해 한잔하는 전용 공간으로 바꾸는 것이다. 어느 정도 노하우가 생겨서 꽤 쓸 만한 공간을 만들어왔다. 활용도가 낮은 각 방의 냉장고를 술방에 모으기도 했고, 중국에선 침대를 빼고 업소용 냉장고와 각종 조리 기구를 배치하기도 했었다. 더욱이 이번 〈거미집〉의 숙소는 조리 공간이 있는 레지던스형 호텔이라 술방으로는 더없이 훌륭했다.

　술방은 사람들과 불필요한 접촉이 없다는 점 외에도 경비 측면에서도 효율적이었다. 하지만, 무엇보다 영화와 관련된 사람들이 올곧이 영화 이야기를 나눌 수 있는 게 장점이었다. 촬영이 끝나면 사람들이 모인다. 평소 존경했던 선배 배우를 찾아 술방을 찾아오는 배우도 있고, 스태프가 자기 생각을 논하러 오기도 한다. 소원했던 혹은 불편했던 사람들이 모여 회포를 풀기도 한다.

　술방의 단골손님은 송강호 배우다. 사실상 술방의 동업자라고 해야 하나! 김동영 배우와 이동진 피디가 사실상 매니저 역할을 했다. 나도 이젠 나이 든 대장이라고 그들이 참 살뜰하게도 챙겨줬다. 가끔은 특별한 손님들이 술방을 찾아왔다.

▶첫 번째 손님, 정우성

〈거미집〉의 가장 재밌는 부분 중 하나가 정우성 배우가 특별 출연한 부분이다. 〈놈놈놈〉에서 '좋은 놈' 역할로 함께했던 정우성 배우는 여러 인연으로 흔쾌히 이 역을 수락해 주었다. 〈놈놈놈〉들의 의리는 참 남다른 부분이 있다. 〈밀정〉 때는 이병헌 배우가 '정채산' 역할로 출연해서 송강호 배우와 조우했었는데, 이번엔 정우성 배우가 '신감독'으로 출연해 우리가 알고 있는 이미지와 그동안 봐왔던 캐릭터와는 확연히 다른 연기를 보여주었다. 촬영 당시 〈서울의 봄〉을 찍고 있었던 정우성 배우는 두 차례나 특별 출연으로 함께했다.

모두와 반갑게 해후한 것은 물론이고, 애드리브까지 멋들어진 연기는 개봉 때까지 비밀로 할 만큼 〈거미집〉의 비밀 병기였다. 촬영을 마치고 지역 특산물로 저녁을 대접했다. 그런데 돌아갈 시간이 됐는데도 귀가하지 않고 발걸음이 사뭇 머뭇거린다. 자연스레 술방으로 초대하자, 술방에 뜸하던 김지운 감독까지 함께 모여 〈놈놈놈〉 때부터 오늘 촬영까지의 이야기로 아저씨들의 수다 한판이 벌어졌다. 술방에서 보았던 배우들의 진솔한 모습을 떠올리면 이것이야말로 제작자가 갖는 보람이 아닐까 생각한다.

■

▶두 번째 손님, 임시완

전남 구례에서 드라마를 찍고 있던 임시완 배우가 〈거미집〉 촬영 현장을 찾아왔다. 멀리서 온 탓도 있지만, 촬영 중 그나마 있는 휴식 시간을 우리와 보내는 것에 대한 고마움에 숙소를 잡아주었고, 자연스레 술방에 초대했다.

사실, 송강호 배우와 〈변호인〉을 함께 하면서 이미 초기 술방을 경험한 터였다. 임시완 배우가 온 탓인지 아니면 촬영 스케줄 탓인지 오늘따라 숙소에 배우들이 많이 남아 있었다. 평택 숙소가 서울에서 멀지 않아서 촬영이 연속으로 이어지지 않으면 출퇴근을 하는 경우가 많았는데, 오늘은 술방에 자리가 가득 찼다.

위스키 마니아인 임시완 배우가 아끼던 위스키를 내놓자 분위기는 고조되었다. 이야기꽃을 피우다 한 자락 노래로까지 이어지며, 그날의 술방은 유쾌하게 마무리되었다. 다음 날 임시완 배우는 구례로 떠나며 수박을 잔뜩 현장에 놓고 갔다.

▶세 번째 손님, 단역 배우들

늘 원두막에서 대기하며 현장을 메우던 우리 단역 배우들. 다른 영화와 달리 거의 촬영 기간 내내 함께했던 주연 같은 단역 배우들이었다. 물론, 촬영 초기에는 아무래도 송강호 배우와 내가 어려웠는지 술방을 찾는 배우들이 많지 않았다.

어느 날 김민재 배우가 단역인 김민하 배우를 챙겨서 술방에 들렀다. 사실 나는 김민재 배우에게 참 많이 배웠다. 각종 영화에 단골로 나올 만큼 바쁘고 인지도도 높은 배우건만 늘 현장에서 단역 배우들과 어깨를 함께하며 가교 역할을 참 잘해주었다. 그날도 단역 배우들에게 저녁을 한턱낸 모양이었다. 송강호 배우도 함께했던 그날의 술방에서 김민하 배우는 많은 질문과 함께 자기 생각을 이야기했고, 그렇게 소중한 시간이 만들어졌다. 이후에도 종종 술방에 후배 단역 배우들이 찾아왔다. 그리고 그들과 나눈 삶의 이야기는 모두에게, 아니 내게도 값진 자양분이 되었다.

그렇게 서로를 알아가며 타인의 삶을 통해 나를 돌아보는 시간이 만들어졌다. 서로에게 영향을 주는 소중한 관계가 생겨났다. 모두 술방 덕분이었다.

▶잊을 수 없는 뜻밖의 손님, 고 이선균

평택 현장에서 〈잠〉을 촬영하고 있던 이선균 배우에게 연락이 왔다. 김지운 감독과는 〈Dr.브레인〉으로, 송강호 배우와는 같은 소속사로 오래 함께했던 배우. 앞의 두 사람과 워낙 각별해서 명함도 못 내밀나 싶지만, 나 역시 〈미옥〉의 제작자로 〈악질경찰〉과 〈킬링 로맨스〉에선 제작투자자로 함께 작품을 한 동료였다. 세 작품 다 쉽지 않았는데 이선균 배우 덕에 완성할 수 있었기에 은인 같은 동료였다.

〈거미집〉 촬영 당시 숙소가 평택 포승공단 안에 있는 호텔이었는데, 이선균 배우의 숙소도 같은 호텔이었다. 정확히는 술방이 있는 호텔 방의 길 건너에 있는 동이었다. 그렇게 술방에 대형 손님이 등장했다. 맥주보다는 소주를 좋아하는 이 손님은 자신이 먹을 소주를 손수 들고 왔다. 매번 예의 동굴 같은 저음으로 술방 전체를 웃음 짓게 하면서…. 이선균 배우가 오는 날엔 술방에 좀처럼 발길을 안 하던 김지운 감독도 함께했다. 술방에 있던 사람들이 하나둘 자리를 뜨면 술이 부족했던 이선균 배우는 소주를 먹는 나를 붙잡아 두고 두런두런 영화 이야기를 나누었다. 늘 시간이 아쉬웠던 밤이었다.

촬영이 없는 어느 날이었다. 나는 현장을 벗어나서 모처럼 집에도 가고 오래 비운 사무실에서 다른 사무를 보기도 했다. 그런데, 송강호 배우는 여러 이유로 현장을 떠나지 않았다. 작품에 집중하는 그의 고집과 애정이 나타나는 대목이었다. 배우를 혼자 두는 것이 못내 마음에 걸렸는데, 그날은 너무도 잠잠했다. 통상은 남아 있는 제작부나 다른 스태프들에게서 송강호 배우의 동향에 대해 연락이 오는데 말이다. 근데 엉뚱하게도 이선균 배우에게 문자가 왔다. "저 술방에 강호 형이랑 있는데 안 오세요?" 그 이후에도 이선균 배우는 종종 내가 현장을 비울 때면 술방을 책임져 줬다. 덕분에 술방 냉장고 한편엔 소주를 꼭 비치해 뒀다.

요즘 캐스팅을 하려고 배우들을 돌아볼 때마다 그의 빈자리가 유독 크게 느껴지는 건 나뿐만이 아니라 우리나라 모든 감독과 제작자가 같이 느끼는 마음일 것이다. 저 먼 곳에서 진정 평안해졌으리라 믿으면서 그를 다시 추억해 본다.

▶뜻밖의 손님, 고양이

오전 촬영을 마쳐가는 어느 날, 동시녹음 안성일 기사가 고개를 갸우뚱한다. 고양이 소리가 자꾸 난다는 것이었다. 아무리 돌아봐도 고양이의 흔적은 없고, 많은 사람들이 이리저리 움직이는 이곳에서 고양이 소리가 난다는 것이 납득이 안 가는 일이었다. 하지만, 조그마한 소음도 문제가 되는 세트 촬영장이니 구석구석 고양이를 찾을 수밖에 없었다. 촬영을 잠시 멈추고, 소리가 난다고 의심되는 곳을 마치 지뢰 수색하듯 샅샅이 찾았다. 몇 번을 돌아도 고양이의 흔적조차 찾을 수 없었다. 포기할 때쯤 혹시나 하는 마음으로 세트 천장에 올라가 보자고 했다. 사다리를 놓고 2층 높이의 거실 세트 천장을 살펴보니 방금 엄마 배 속에서 나온 듯한 새끼 고양이 두 마리가 있었다.

가건물 천장에 고양이가 있으리라고 누가 생각했으랴? 위험하기도 했고, 자꾸 울어서 안고 내려왔다. 스태프들이 작은 박스를 마련해 정성스레 두었다. 현장을 찾아온 새 생명이라 그런지 귀엽기도 하고 애잔하기도 했다. 우리가 마냥 키울 수도 없어서 동물보호소에 급히 연락하니 유기묘가 아닌 이상 거둘 수가 없다고 한다. 고양이 특성상 제자리에 두면 어미가 옮길 거라고 한다. 촬영을 마치고 다시 제자리에 두고 철수했다. 다음 날 오자마자 바로 확인했더니 정말 온데간데없었다. 못내 아쉬워하는 스태프들이 많았다. 그 사건이 있어서일까? '백회장'과 '김부장'이 갑자기 찾아온 '최국장'을 맞이하는 과정에서 애드리브가 터진다. "문을 왜 잠가?!" "그게 요즘 고양이가 들어와서 문을 잠갔어요!" 하루하루의 해프닝이 현장에선 일상이 되고 소재가 된다.

▶갈비 파티

정말 정성스레 만들어주시는 밥차 사장님 덕에 현장에선 식사 시간이 늘 기다려졌다. 사실 제작자로서 가장 고마운 일 중 하나다. 하지만, 가끔은 별식이 필요하다. 바른손의 문양권 회장이 단골 셰프님을 모시고 와서 현장에서 최고급 소고기 바비큐를 멋지게 대접해 줬다. 오랜 시간 현장에서 밥을 먹었지만, 이런 고급스러운 자리는 처음이었다. 맛은 물론이고, 눈까지 호강하는 황홀한 시간이었다. 이런 스케일을 시전해 준 문양권 회장에게 친구로서, 제작자로서 다시 한번 깊은 감사를 전한다.

코로나로 인해 회식을 할 수 없었던 상황이었다. 아무리 밥차가 있고, 바른손의 럭셔리 고기 파티가 있었지만, 반복되는 고된 촬영을 보상하기엔 다소 부족했다. 이때 가장 연장자인 박정수 선생님이 돼지갈비를 쏘기로 했다. 맛있는 돼지갈비 200인분이 현장에 도착했다. 대형 바비큐 그릴을 두 개 구입하고, 숯도 준비하고, 밥차 사장님은 돼지갈비와 함께 먹을 냉면을 준비했다. 점심시간이 다가오자 이런 일에 늘 해결사 역할을 자처하는 최정화 제작이사가 어느덧 그릴에 숯을 피우고, 앞치마에 머리띠까지 두르고 갈비를 굽기 시작했다. 오전 촬영이 마쳐갈 때쯤 나도 그릴 한 개를 맡으면서 본격적인 갈비 파티가 시작되었다. 당진 세트장 주변이 온통 갈비 양

념 냄새로 가득 채워지자 촬영의 고단함과 코로나로 인한 긴장감이 잠시 내려놓아졌다.

이런 식의 갈비 파티는 나도 처음 경험하는 것이었다. 통상 촬영을 마치고 식당에서 회식을 하는 경우만 있었지 이렇게 고기를 구워가며 현장에서 바비큐 파티를 한 적은 없었다, 직접 고기를 구워 배우와 스태프들에게 나눠주고, "직접 구워주시

FESTIVAL DE CANNE
OUT OF COMPETITION
2023 OFFICIAL SELECTION

COBWEB

A **KIM JEE-WOON** FILM

SONG KANG-HO LIM SOO-JUNG OH JUNG-SE JEON YEO-BEEN JUNG SOO-JUNG

BARUNSON PRESENTS AN ANTHOLOGY STUDIOS PRODUCTION
IN ASSOCIATION WITH BARUNSON STUDIO, LUZ Y SONIDOS

는 거예요?" 하는 말과 함께 나누었던 즉석 갈비 파티의 추억은 꽤 잊지 못
할 시간으로 남아 있다.

▶칸영화제의 추억

2023년 제76회 칸영화제에 〈거미집〉을 출품했다. 프랑스 수입사
인 조커필름과 해외 세일즈사인 화인컷에서 부단히 노력했지만, 워낙 경쟁
작이 출중했던지라 경쟁작 진출은 쉽지 않았다. 영화제 측은 본선 부문 중
비경쟁 부문에 〈거미집〉을 선정했다. 개인적으로는 〈놈놈놈〉에 이어 두 번
째로 프로듀서로서 칸에 가게 되었다. 두 번 다 경쟁은 아니지만 영화제 기
간 중 대중에게 가장 주목받는 Gala 부문에 초청받았고, 두 번 다 김지운
감독과 함께였다. 물론 주연인 송강호 배우는 2022년에 남우주연상을 받
으며 이미 칸의 남자가 되었지만, 다른 배우들에겐 처음으로 칸의 레드카펫

을 밟는 영광의 자리였다. 게다가 배급사이
자 투자사인 바른손이앤에이의 통 큰 배려
로 주요 배우 전원이 칸에 갈 수 있었다. 그
렇게 감독님 이하 7명의 배우가 함께하는
대부대가 칸으로 떠났다.

나는 런던에서 다른 프로젝트로 공
동 제작을 준비하고 있는 미국 감독을 만나
고 나서 선발대로 먼저 칸에 도착했다. 며칠
뒤면 김지운 감독과 송강호 배우가 도착하고, 다시 그다음 날 배우들이 순
차적으로 들어오고, 오정세 배우는 촬영 일정으로 상영 당일에 들어오는 일
정이었다. 꽉 짜인 숨 막히는 일정을 소화해야 하는지라 이것저것 챙겨야
할 것이 많았다.

따뜻한 남쪽 지중해 날씨를 기대하며 니스 공항에 내렸던 나는 런던
보다 싸늘한 온도와 흩뿌리는 비에 당황했다. 다음 날도 칸의 날씨는 을씨
년스러웠다. 일광욕을 즐기는 칸의 해변을 상상했는데 그저 비 오고 춥고
스산한 바닷가였다. 아직 서울을 떠나지 않은 팀에게 따뜻한 옷을 챙기라고
이야기했다. 일행들이 오길 기다리며 숙소와 마켓을 오가며 사람들을 만났
다. 세계 최고의 필름마켓이 열리는 칸영화제에서는 조금만 부지런하면 참
많은 사람을 만날 수 있었다.

정신없이 며칠이 지나고, 드디어 김지운 감독과 송강호 배우를 시작

으로 배우와 일행들이 차례차례 도착했다. 서울에서 칸에 올 때는 늘 도착이 밤일 수밖에 없었다. 숙소 앞에서 기다리다 차에서 내린 배우들과 마치 이산가족처럼 서로 반가워했다. '웬 오버~' 싶겠지만 먼 타지에서 보는 〈거미집〉 식구들은 정말 반가웠다. 3일 만에 드디어, 모든 〈거미집〉 식구들이 칸에 모였다.

칸에서의 일정은 매우 타이트했다. 영화제 공식 행사로는 기자회견, 프리미어 상영, 포토콜 등이 있었고, 한국 기자들과의 인터뷰 등 2박 3일이 행사 일정으로 꽉 차 있었다.

행사 당일. 어젯밤 도착한 박정수 선생님을 맞이하고 자정이 넘어 숙소에 왔지만 새벽 4시에 눈이 떠졌다. 오늘 상영할 〈거미집〉을 먼저 메인

상영관인 뤼미에르 극장에서 테스트해야 했다. 다른 호텔에 묵고 있는 김지운 감독과 함께 극장으로 향했다. 동도 트지 않은 해변을 걸어 극장에 들어서 사운드와 화질 테스트를 했다. 이제 이곳이 관객들로 채워지고 나면 우리는 어떤 반응을 보게 될까. 생각만 해도 가슴이 뛰었다. 극장을 나서니 이제야 먼 바다에서 동이 트기 시작했다. 푸른빛이 감도는 칸의 해변은 고흐의 그림 같았다. 바닷바람을 맞으며 해변을 걸으면서 〈거미집〉의 삽입곡인 〈나는 너를〉을 흥얼거리며 한동안 피우지 않던 연초를 입에 물었다. 혼자 멋에 푹 빠져서 말이다. 거리 흡연이 자연스러운 프랑스에서만 할 수 있는 멋이랄까? 숙소에 와서 잠깐 눈을 붙이고 일어나 도보로 20분 거리의 배우들이 묵고 있는 숙소로 갔다. 프랑스에 왔는데 어찌 그냥 넘어가랴! '빵셔틀'의 일인자답게 미리 봐둔 빵집에서 크루아상과 몇 가지 빵을 사 들고 들뜬 발걸음을 옮겼다. 배우들이 움직일 때는 헤어 메이크업과 의상 등 도와주는 스태프들이 한 그룹을 이룬다. 항공, 숙박 등의 여러 이유로 나름대로 간소하게 팀을 꾸렸지만, 배우만 7명이라 규모가 작지 않았다. 빵의 양도 자연스레 푸짐해졌고, 덕분에 프랑스에서조차 빵집 주인과 친해지고 말았다. 언제나 그랬지만, 박정수 선생님과 우리 배우들의 리액션은 실로 감동스럽다. 수고로움을 당연하게 만드는 마법을 가졌다. 물론, 프랑스 빵집의 크루아상은 정말 맛있었다.

낮이 되자, 언제 추웠냐는 듯이 전형적인 지중해 날씨가 되었다. 오

늘은 뤼미에르 극장에서 레드카펫 행사를 하는 날이었다. 낮에는 유튜브 촬영과 몇몇 기자 회견도 있었다. 분주한 오후 일정을 보내고 각자 드레스업을 하러 숙소로 돌아갔다. 나 역시 턱시도를 챙겨 입고, 레드카펫 출발 장소인 칼튼 호텔로 향했다.

레드카펫의 진정한 주인공인 우리 여배우들의 드레스가 어떨지 가장 궁금했다. 전날 슬쩍 물어봐도 디자인 정도나 얘기해 주지 자세히는 공유하지 않았다. 로비에서 만난 배우들은 서로 드레스 정보를 알고 있었던 듯 겹치지 않으면서도 각자에게 너무도 잘 어울리는 다른 색과 디자인의 드레스를 입고 있었다. 촬영하면서는 한 번도 보지 못했던 모습이었다. 물론 우리 배우들의 출중한 외모야 익히 지금의 모습을 짐작하게 했지만, 실제로 보니 상상을 뛰어넘었다. 괜히 내 어깨가 으쓱해졌다. 레드카펫 경험이 많은 송강호 배우가 있는데도 〈놈놈놈〉 때 한번 걸어본 경험이 있다고 배우들에게 훈수를 두기도 했다. 여러 대의 승용차에 분승해서 뤼미에르 극장 앞까지 이동했다. 멀지 않은 거리라도 인파가 가득한 칸의 거리를 의전 차량으로 이동하는 경험은 꽤 특별하고 재미가 있다.

레드카펫 앞에 모여 있다가 〈거미집〉 음악이 나오면 우리 차례가 시작되는데, 이미 극장 앞에는 여러 팬과 사진기자들이 포진해 있었다. 우리 배우들의 인기는 여기서도 꽤 높았다. 송강호 배우는 말할 것도 없고, 곳곳에서 "여빈" "수정" 하고 외치면서 배우들의 이름을 부른다. 어디서 "정세"

라고 불러서 오정세 배우가 반갑게 돌아봤더니 옆에 있는 수정 배우를 불러달라며 너스레를 떤다. 그래도 오정세 배우는 "정세"라고 이름을 불러줬다며 좋아한다. 뤼미에르 극장의 레드카펫을 걸어가는 건 나름대로 의미가 있다. 프로듀서로서 같이 걷고 싶었지만, 이번엔 배우들이 많아서 같이 걷지 못했다. 하지만, 뒤에서 스포트라이트를 받는 감독과 배우들을 보면서 이 모든 것을 함께 만들었다는 프로듀서로서의 보람이 거듭 느껴졌다.

뤼미에르 극장에 오르는 레드카펫 위에서 우리 〈거미집〉 식구들은 정말 아름다웠고, 당당했다. 8명이 함께 도열한 것을 가장 가까이 볼 수 있었던 나에게도 감명 깊은 레드카펫이었다. 그렇게 레드카펫 행사가 끝나고 모두 입장한 후에 상영이 시작되었다. 감독과 피디 그리고 나를 제외하면, 심지어 배우들을 포함해서 모두 다 〈거미집〉을 처음 보는 사람들이었다. 아울러, 칸에 와 있는 한국 영화인들도 자리에 앉아 있었다. 상영 내내 나는 혹여 기술 문제가 발생하지는 않을지 가슴이 조마조마했다. 주요 장면에서는 관객들 반응을 살피느라 영화에 집중하지 못했다. 게다가 옆자리의 박정수 선생님이 추워하셔서, 드레스업한 여배우들이 춥지는 않은지 계속 신경 쓰였다. 영화가 끝나고 기립 박수가 나왔다. 매번 기사에 '몇 분 동안 박수가 이어졌다~'식의 기사가 나오는데, 정말 사실이다. 영화가 마치고 자막이 모두 올라간 후 불이 켜지면 이내 박수가 나온다. 〈거미집〉 역시 〈나는 너를〉의 음악이 흘러나오고 자막이 오르며 불이 켜지자 정말 우레와 같은 박수가 터져 나왔다. 한참 동안 이어진 박수가 잦아들 무렵 감독과 배우들이 한 명씩 화면에 비쳤고, 다시 연호와 함께 박수가 시작되었다. 무려 10여 분 넘게 이어져 손바닥이 얼얼할 정도였다. 우리는 박수갈채 속에서 퇴장했다. 박수갈채 속에 있었던 배우들은 쉬이 감정이 사그라들지 않는 모습이었다. 프랑스 배급사가 마련한 뒤풀이도 있었고, 각자 숙소에 돌아가서야 마

음을 가라앉힐 수 있겠지. 이 모든 것을 지켜보는 프로듀서의 기분은 정말 남다르다. 부모의 마음과 다르면서도 비슷한 이 감정을 어찌 설명할 수 있을까.

다음 날은 인터뷰가 줄지어 있었다. 오전엔 공식 기자회견이 있었다. 배우들은 어제와는 다른 모습으로 강렬한 지중해 날씨와 너무도 잘 어울리는 패션으로 기자들 앞에 섰다. 공식 기자회견에서 배우들의 답변도 근사했고, 정수정 배우가 영어로 답변할 때는 괜스레 뿌듯했다. 그리고 오후에는 우리나라 언론과의 인터뷰가 있었다. 이 라운드 인터뷰에서는 무엇보다 기자들 반응이 무척 좋았다. 김지운 감독은 외국에서 처음 공개된 자기 영화 중에 한국 기자들 반응이 외신보다 좋은 경우는 이번이 처음이라며 놀라워했다. 기자들의 반응이 좋아서 물론 기뻤지만, 나는 배우들이 한자리에 모여서 〈거미집〉 이야기를 하며 서로를 바라볼 수 있어서 더욱 이 자리가 좋았다. 감독님을 포함해, 각 배우가 자신의 색깔과 멋을 드러내면서도 함께 한 작업에 대해서 진심으로 추억하는 모습은 쉽게 볼 수 있는 모습이

아니었으니까. 그것도 칸의 해변에서 말이다. 오후 내내 진행된 긴 일정에도 지치지 않고 인터뷰의 분위기는 시종일관 화기애애했고, 이어진 제작자인 나와의 저녁 자리에서도 기자들의 질문은 끝없이 이어졌다. 통상 칸에서의 첫 공개는 여러 의견을 분분하게 낳곤 하는데, 〈거미집〉은 이런 적이 있었나 싶게 호평이 이어지는 진귀한 경험을 했다. 인터뷰가 끝나고 오정세 배우는 숨 쉴 틈조차 없이 바빴던 1박 2일의 일정을 마무리하고 귀국길에 올랐고, 나머지 배우들도 다음 날 한국행 비행기에 몸을 실었다.

　마지막 밤이라 투자사인 바른손이앤에이에서 숙소에 정성스러운 파티를 준비해 줬지만, 종일 진행된 인터뷰와 빡빡한 일정 탓에 충분히 즐기지 못했다. 타국에서까지 애써 파티 자리를 만들어준 바른손이앤에이분들에겐 미안한 마음이 들었지만, 그만큼 일정에 혼신의 힘을 다했음을 이해해 주셨으리라 생각하며 고마운 마음을 전하는 것으로 대신했다.

　아름다운 해변으로 유명한 칸이었지만, 사실 나와 배우들에겐 〈거미집〉과 함께한 시간 외에 다른 추억은 기억나지 않는다. 그래도 내 프로듀서 인생의 두 번째 칸 초청을 〈거미집〉이 만들어줘서 그저 고마웠다. 이 자리를 빌려 칸 일정 내내 물심양면으로 애써준 바른손이앤에이 박진홍 대표와 최윤희 부사장 이하 해외팀 직원분들에게 심심한 감사의 인사를 전한다.

부록
—인터뷰

❶ 송경원 평론가 × 김지운 감독

❷ 송경원 평론가 × 김지운 감독 × 송강호 배우

❸ 앤솔로지스튜디오 × 송강호 배우

송경원 평론가 × 김지운 감독

송경원

이번 〈거미집〉에 대한 언론 반응을 살펴보았는지.

김지운

대체로 재밌다는 평이라 다행이다. 세세하게 살펴보니 "나는 재미있었는데 일반 관객들의 반응이 어떨지 모르겠다"는 평이 다수였다. 생각해 보면 〈조용한 가족〉 때도 비슷한 분위기였다. 웃음의 재료를 사방팔방 뿌려놨는데 그 방식이 생소해서 어떻게 조합될지 낯설다고 해야 할까. 이게 지금 웃어도 되는 건가, 지금 무서워야 하는 건가 헷갈리는 분들이 많았다.

그러다가 한번 터지기 시작하면 무장해제가 되는 순간이 온다. 〈조용한 가족〉 때는 송강호 배우의 "저 학생 아닌데요?"라는 대사가 그랬던 것 같다. 〈거미집〉은 한 명의 감독이 마음속 불씨를 꺼내고 활활 태워 모든 걸 전소시키는 과정을 따라가는 이야기다. 언젠가 어떤 수업에서 연출의 과정을 점화, 착화, 발화라고 설명한 적이 있는데 이번 영화는 그 마음가짐을 충실히 구현했다.

송경원

〈거미집〉에서 웃음의 발화점은 어디인가.

김지운

여기서부터 터지겠구나 생각한 곳은 여러 지점이었는데 시사 후 반응을 보니 미도(전여빈)와 유림(정수정)이 세트 뒤 통로에서 한판 붙을 때를 말하는 분들이 많았다. 어느 정도 인물관계나 상황이 쌓이고 공감이 되면서 웃음이 터질 수 있다는 걸 생각하면 적절한 타이밍이다. 솔직히 나는 김열, 아니 송강호가 깨어나는 거의 첫 장면부터 웃긴다고 생각했다. 나도 감독 김열처럼 영화 촬영을 마치고 악몽을 자주 꾼다. 현장의 답답했던 상황이 꿈속에서 무한 반복되기도 하고 "아, 이거 찍었어야 하는데 안 찍었네!" 하면서 벌떡 일어나기도 하고(웃음). 개봉 때가 되면 특히 심해진다.

개봉 날인데 극장에 셔터가 안 열려 있어서 발을 동동 구르다 꿈이라는 걸 깨닫고 안심한 적도 있다. 그렇게 불면과 불안의 밤을 오가다 보니 꿈에서 깨어나는 김열이 눈을 뜨는 첫 장면부터 이미 밀착되어 터졌다. 나는 그 절박함과 불안함을 잘 아니까.

송경원

칸영화제 버전에서 편집을 추가로 꽤 했다고 들었다.

김지운

많진 않고 흐름을 좀 다듬었다. 칸 버전보다 좀 더 흐름에 박차를 가하고 빠르게 가야겠다 싶어 사무실에서 전체 회의를 하는 장면을 걷어냈다. 감독으로서 늘 고민하는 것 중 하나는 내가 공간집착형 스타일이라는 거다. 정신을 차려보면 공간 구석구석을 다 쓰려고 시간을 보내고 있다.

영화가 시간의 예술이냐 공간의 예술이냐는 평행선을 달리는 문제지만 내가 공간에 애정을 쏟는 건 사실이니까. 그러다 보면 종종 전체적인 흐름이 느려질 때가 있다. 처음 〈거미집〉 대본 리딩을 할 때부터 배우들에게 말했던 건 이 영화가 음악처럼 흘러가면 좋겠다는 거였다. 대사를 주고받는 리듬이 한 곡의 음악처럼 느껴지길 바랐다. 우선순위는 리듬감이었고 스스로 특정 공간에 매료될 때 내가 세운 대명제를 잊지 않으려 애썼다.

송경원

말한 대로 소동극처럼 우당탕탕 흘러갈 것 같은 콘셉트의 영화지만 사실 전반부와 후반부가 분리되어 있다. 전반부가 감독 김열의 불안과 고뇌에 집중하며 내레이션을 자주 사용하는 반면 후반부는 〈웰컴 미스터 맥도날드〉 같은 영화처럼 촬영이라는 상황에 정신없이 휩쓸려 간다.

김지운

전반부가 불안 속에서도 열망을 숨기지 못하는 김열 감독의 시점이라면 후반부는 확신을 얻은 감독이 모든 걸 불사르는 전개다. 그리고 불은 혼자 붙지 않는다. 〈거미집〉의 장르를 구태여 설명하자면 앙상블 코미디다.

촬영장 곳곳을 다양하게 보여주며 세트가 바뀌지만 큰 틀에선 신성필림 스튜디오에서 일어나는 하나의 사건이다. 인물마다, 장면마다, 상황이 바뀔 때마다 들려주거나 보여주고 싶은 것들이 많아 종종 다른 속도로 전개되지만 전체 흐름하에서 어느 한 장면에 치우치지 않고 나름대로 잘 배분했다고 생각한다.

송경원

1970년 영화 촬영 현장을 무대로 삼았다는 게 의미심장하다. 신성필림 사람들이 다 벌벌 떠는 문화공보부 국장의 존재로 상징되는 이른바 검열의 시대인데.

김지운

당시의 엄혹함을 보여주고 싶었던 건 아니다. 오히려 정반대로 그 시절에 존재했던 영화적

활기를 되새겨 보고 싶었다. 70년대를 고른 건 내가 그 시절 문화를 제일 좋아하기 때문이다. 나는 70년대 대중문화 속에서 자랐다. 태어나서 가요, 영화 등을 처음 접했던 게 70년대다.

초등학생 무렵 영화를 자주 봤는데 아버지가 영화 포스터를 담벼락에 붙이는 걸 허락해 주고 초대권을 받으면 그걸로 온갖 영화를 봤다. 예전 MBC 다큐멘터리 중에 미국 할리우드 영화와 팝송을 총망라해서 소개한 〈멋지고 힘나는 70년대〉라는 다큐멘터리가 아직도 기억난다. 내게 70년대는 그런 콘텐츠의 파노라마, 그리고 돌아가고픈 노스탤지어로 기억된다.

송경원

동시에 엄청난 검열과 금지의 시대였던 것도 부정할 수 없다.

김지운

맞다. 그 간극이 이 영화를 찍게 된 계기다. 70년대는 유신정권의 시대였고 모든 것을 얼어붙게 한 암흑기였다. 코로나19 팬데믹 이후 영화를 되돌아보면서 두 시절 사이 기시감을 느낀다. 60년대는 한 해 200편 이상의 영화가 제작되고 1인당 영화 관람 편수도 높았던 한국 영화 르네상스였다. 그러다가 70년대의 겨울이 왔다. 감독이 된 지 햇수로 25년째인데 단편 혹은 광고라도 아무것도 찍지 않았던 해는 없다.

팬데믹 이후 1년간 모든 작업이 중지되면서 혼자 과거를 되돌아볼 시간을 강제로 가지게 됐다. 그 기나긴 겨울밤이 〈거미집〉의 바탕이 됐다.

팬데믹이 지나도 봄은 아직 오지 않고 있다. 우리는 이 시절을 어떻게 돌파해 나갈 수 있을까. 영화감독 김지운에게 힘을 내라고 응원을 건네고 싶었다. 지지 마. 한번 더 힘내봐.

348

송경원

어떤 면에서는 자전적인 이야기라고 해도 좋을 정도로 스스로의 모습을 투영한 부분이 있다. 연기를 하고 싶어 하는 감독이라거나(웃음).

김지운

아니 내가 연기를 하고 싶어 하는 건 아닌데, 전체 흐름을 위해 시범을 보여준 정도지(웃음). 자전적이라면 사연이라기보다는 창작의 고통에 빠져본 사람이라면 공감할 수 있는 상황을 이어가는 정도일 거다. 현장에서 느꼈던 크고 작은 감정들이 자연스럽게 녹아들었다. 70년대를 향한 오마주인 동시에 2020년대 영화 현장에서 버티고 있는 이들을 향한 응원가다. 어떤 감정들을 직접 대사로 표현하기도 하고 에둘러 상황에 투영하기도 했다.

송경원

김열은 왜 그렇게 괴로워하면서도 그 장면을 다시 찍어야 했던 걸까.

김지운

김열에 한정해서 이야기하자면 어쩌다 괜찮은 데뷔작을 찍은 감독의 자기 증명일 거다. 이것만 다시 찍으면 걸작이 될 것 같다는 게 진실이든 아니든 중요치 않다. 전하고 싶은 만큼 절박하고 의미 있는 무언가를 가지고 있느냐는 거다. 소설가가 단어 하나에 며칠을 고뇌하는 것처럼, 대중은 이해하지 못해도 평론가에게 꼭 필요한 분석의 미세한 지점이 있는 것처럼, 감독에게는 이 장면이 아니면 안 된다는 순간이 있다. 어쩌면 그 순간을 마주하기 위해 수십 번을 다시 찍고 오랜 불면의 밤을 보내는 거다. 정말 잔인한 건 그렇게 꼭 필요했던 장면을 손에 넣는다고 해도 확신할 수 없다는 사실이다. 그

때부턴 이 장면이 맞나? 진짜인가? 하는 믿음의 시험이 시작된다. 창작은 그렇게 끊임없이 어떤 욕망에 몸을 불태우는 일이다.

그렇게 얼어붙은 시대에 여전히 자신의 몸을 불태우고 있는 영화인들, 아니 모든 사람들에게 한번 웃어 넘기고 힘내자고, 괜찮다고, 잘했다고, 앞으로도 할 수 있다고 등을 두드려 주고 싶었다. 아무도 두드려 주지 않아서 일단 내 등부터 셀프로 두드리고(웃음).

송경원

고뇌, 괴로움 같은 의미를 말했지만 영화는 전반적으로 귀엽다. 국밥집에서 김열 감독은 영화인들의 비판에 의기소침해 있다가 현장에서 누가 조금만 칭찬해 줘도 어깨를 들썩거리며 기뻐한다. 그 솔직하고 가벼운 모습에 홀려 끝까지 쫓아갈 수밖에 없게 만드는 힘이 있다.

김지운

감독은 제일 높은 자리에서 현장을 바라본다. 지위가 높다는 게 아니라 현장을 조망하는 조감의 시선이 필요하다는 의미에서. 그 부담감에 자연히 몸이 굳거나 딱딱해질 수밖에 없는데 이번에는 반대로 그런 욕망을 아이처럼 솔직하게 드러내는 모습으로 그려보고 싶었다.

호세(오정세)가 유림을 챙기며 너무 가혹하다고 투덜거릴 때 김열이 "이게 나만 좋자고 이런 거야?"라고 하는데, 툭 하고 던져서 웃기게 하지만 실은 저 밑바닥에서 우러나온 솔직한 고백인 거다. 예전 〈달콤한 인생〉 촬영 때 이병헌 배우가 땅에 묻혔다 나오는 장면이 있었다. 그때 물을 막 뿌려야 하는 상황에서 다들 배우가 너무 힘들어하니 조심조심 뿌리는 거다.

내가 과감하게 막 정면에 물을 뿌렸더니 나중에 이병헌 배우가 정색하며 왜 이러시냐고

한 적이 있다. 너무 이해가 갔지만 이렇게 말했다. "지금 나만 좋자고 이래(웃음)?"

송경원

허술하고 귀여운 매력의 상당 부분이 김열 감독으로 변신한 배우 송강호에게서 흘러나온다는 걸 부정할 수 없다. 정확히는 김지운 감독이 바라보는 송강호는 언제나 인간적인 허술함과 웃음으로 표현된다.

김지운

송강호 하면 생각하는 건 생활형 연기, 자연스러움 같은 거다. 동시에 순식간에 얼굴을 바꿔 정서를 장악하는 힘을 갖췄다. 쥐락펴락 호흡 조절이 자유자재다. 그 서늘한 연기의 바탕에는 결국 인간적인 면모가 있다고 생각한다. 감독들의 송강호 사용법에 대해서 누가 써놓은 짤을 본 적이 있다.

봉준호는 송강호를 지질하게 그리고, 박찬욱은 송강호를 멋지고 근사하게 그리고 싶어 하고, 김지운은 자기가 웃으려고 송강호를 찍는다고(웃음).

어떤 면에서는 일리 있는 분석이다. 사실 송강호 배우에게 특정 연기를 주문한 적이 거의 없다. 전체적인 상황과 뉘앙스 정도만 공유하고 본인의 해석으로 연기한다. 그때 카메라 앞에서 송강호가 펼치는 템포와 타이밍은 거의 동물적이다. 나는 그 상황의 첫 번째 관객이 된다는 사실이 너무 즐겁고 재미있다.

송경원

그리고 보면 감독님은 송강호 배우를 찍을 때 클로즈업보다는 롱숏을 즐겨 찍는 것 같다. 전체적인 몸의 실루엣을 오래 담고 싶어 한달까. 이번에도 문공부 부장을 피해 세트 뒤편으로 전력 질주하는 김열의 모습이 맛깔나는 웃음을 자아낸다.

김지운

웃음만큼 섬세한 뉘앙스가 필요한 것도 없다. 정확한 타이밍에 웃으라고 요구하는 게 일반적인 코미디의 방식이라면 나는 그게 살짝 비틀려 있는 타이밍을 좋아한다. 웃긴 장면에서 조금 어긋나 있거나 살짝 떨어져 있는 박자가 주는, 한 박자 뒤늦게 찾아오는 메아리 같은 웃음이랄까.

그런 호흡을 기가 막히게 표현하는 게 송강호다. 감독으로서 내가 할 일은 자연스럽게 그 상황이 만들어지도록 적절한 무대를 만들어주는 거다.

여기서 무대는 단지 공간이 아니라 한 타이밍 길게 찍는 호흡, 그러니까 시간에 대한 거다. 여백이라고 부를 수도 있겠다. 목적과 필요, 딱 보여주고 싶은 대상에서 살짝 초점이 벗어나 있는 순간. 때로 진실은 거기에 담기는 거 같다. 비단 송강호 배우뿐만이 아니다. 이번 영화에선 모든 배우들에게 각자의 방식으로 그런 호흡을 만들어주고자 했다. 하마구치 류스케 감독이 〈드라이브 마이 카〉에서 말했던 '여기 지금 무언가 일어난' 순간들이라고 할까. 그래서 영화 현장을 무대로 택했다. 대상으로서의 영화가 아니라 찍는 과정으로서의 영화. 카메라에는 담기지 않을 누락된 순간들을 함께 보는 영화. 그런 의미에서 끊어지지 않는 쁠랑세깡스에 집착하는 모습을 보인다.

송경원

김열 감독이 신상호 감독(정우성)의 환영을 보는 장면을 기점으로 영화의 톤이 바뀐다. 달리 표현하면 그 장면이 김열의 내면에 집중하던 전반부의 실질적인 하이라이트다.

김지운

이틀만 더 찍으면 걸작이 된다는 김열의 말은 사실 공허하다. 아무 근거도 없고, 들이미는 시나리오는 더 황당하다. 심지어 자기도 확신이 없다. 그래서 백회장(장영남)이 들이닥쳐 촬영이 중지됐을 때 김열도 주저앉아 버린다. 김열에 겐 재능이 없을 수도 있다. 하지만 그에겐 확실한 절박함이 있다. 이대로 삼류 감독이 될 순 없다는 절박함. 그 감정이 〈거미집〉의 출발이었고 모든 감독들의 안타까운 욕망일 것이다. 거기서 제일 희망적인 말을 건네고 싶었다. "자신을 믿어." 어쩌면 유일한 답이기도 하다.

많은 조언과 도움이 있지만 결국 현장에서 결정, 판단, 책임까지 오로지 감독의 몫이다. 어둠 속에서 희미한 빛 한 줄기를 찾아 헤매는 고독에 익숙해져야 한다. 믿을 수 있는 건 오로지 자기 자신뿐. 다만 이건 흔들리지 않는 확신이라기보다는 끊임없는 불안을 전제로 한 자기 확인에 가깝다.

송경원

감독님이 지새운 무수한 불안의 밤은 조금 밝아졌나.

김지운

지금도 불안하다(웃음). 마음가짐이 조금 달라진 것 같긴 하다. 예전에는 현장에서 엄청 예민한 상태였다. 예민함을 즐겼다고 해야 할까. 날이 바짝 선 몰입의 감각이 만족스러워 스스로 몰아붙이기도 했다.

지금은 조금은 편안해졌다. 축적된 경험을 바탕으로 희미하게나마 길이 보인다고 해야 할까. 물론 숱한 시행착오의 결과인데, 실패하더라도 흔들리지 않는 기준이 하나 있다. 어차피 감독의 일이라는 게 선택의 연속이라면 설사 틀리더라도 멋지고 근사한 선택을 하고 싶다는 마음으로 여기까지 왔다.

송경원

신상호 감독은 "꺼내서 다 태워버려"라는 말과 함께 불에 타 사라진다. 그때 정우성 배우의 하이톤의 목소리가 아직도 지워지지 않는다.

김지운

시키지 않았다. 알아서 했다(웃음). 아니 저절로 그렇게 됐다. 신상호 감독 역을 정우성 배우에게 부탁한 건 근사하기 때문이다. 60, 70년대 영화인들은 하나같이 멋쟁이들이다. 근사한 게 좋다. 극 중 신상호 감독은 문자 그대로 다 태워버리고 사라진 분이니까 그 환희의 음악을 따라가다 보니 내면의 음악이 삐져나온 거 아닐까. 웃기고 슬프고 애처롭고 숭고한 황홀경의 순간이다. 어떤 면에서는 정우성 배우가 본질을 정확히 파악해 준 건데, 나는 이 영화를 음악처럼 전달하고 싶었다. 내면에 숨겨진 욕망, 각자의 리듬이 충돌하고 어우러져 만들어내는 앙상블 말이다.

즉흥적이지만 조화로운 재즈의 잼(Jam)이라고 해도 좋겠다. 마지막 뻘랑세깡스 장면에 재즈 음악을 넣은 것도 그런 이유다.

송경원

김열은 집에 불이 붙는 장면을 뻘랑세깡스로 찍고 싶어 한다. 그런데 정작 그 장면이 흑백영화 〈거미집〉에 꼭 필요했는지 모르겠다. 김열 감독의 〈거미집〉은 클로즈업과 역동적인 앵글, 컷의 연결이 중요한 영화인데 말이다.

351

김지운

김열은 왜 뿔랑세깡스를 고집하는가. 〈거미집〉에선 중요한 질문이다. 결론적으로 말하면 김열의 〈거미집〉에 뿔랑세깡스는 필수가 아니다. 김열은 걸작을 통해 자신을 증명하고 싶어 한다. 배우나 제작자가 뿔랑세깡스가 뭔데, 라고 되물을 정도로 이건 익숙한 연출이 아니다. 남들과는 다른, 무언가 있어 보이는, 예술적인 무언가를 찍어야 한다는 게 김열의 강박이다.

그 욕망의 1차원적인 집착이 뿔랑세깡스로 표출된다. 하지만 김지운의 〈거미집〉에서는 뿔랑세깡스 장면이 꼭 필요했다. 말했다시피 내가 찍고 싶었던 건 결과가 아니라 과정이고, 대상이 아니라 여백이었다. 카메라 뒤편의 공기와 분위기, 동선의 연결과 상황을 보여주고 싶었다.

뿔랑세깡스의 연결은 그런 바깥의 에너지와 과정을 보여주는 핵심이다. 물론 김열의 집착은 오인된 것일 수도 있다. 하지만 김열의 욕망은 진짜다. 오인된 행위를 통해 거꾸로 김열의 욕망과 절박함이 더 적나라하게 드러날 수 있는 장치라고 생각했다.

송경원

나도 오인한 게 하나 있다. 이만희 감독에 대한 애정을 자주 드러낸 만큼 김지운 감독님이 언젠가 한국 영화의 과거를 찍는다면 그 대상은 이만희 감독일 거라고 막연히 상상했었다.

김지운

그 시절의 모든 감독들을 애정하고 존경한다. 그중 이만희 감독은 다양한 장르를 완성도 높은 결과물로 이끌어냈다는 점에서 내 관심사와 일치하는, 나와 비슷한 유형의 연출자라고 감히 생각해 왔다. 우리나라 최초의 본격 스릴러 〈마의 계단〉(1964)을 연출한 분이 〈쇠사슬을 끊어라〉(1971) 같은 만주 웨스턴을 찍을 수 있다는 사실이 놀랍다. 어떤 의미에서 〈좋은 놈, 나쁜 놈, 이상한 놈〉(2008)에서 이미 그분을 향한 헌사를 마친 셈이다.

의식한 건 아니지만 다양한 장르의 수용이라는 점에서 비슷한 길을 걷고 있는 게 아닌가 싶다. 빼어난 미장센뿐 아니라 어떤 영화, 어떤 장면에서도 품격이 있다.

송경원

공간과 미장센은 감독님 영화에서도 핵심이다. 언제나 화면을 아름답고 예쁘게 찍는다.

김지운

공간에 관심이 많은 건 사실이다. 마음에 드는 장소라면 구석구석 담아내고 싶은 욕망이 샘솟는다. 그래서인지 평론가들에게 자주 듣는 칭찬이 미장센 부분인데, 어떨 땐 그 표현이 전혀 칭찬처럼 다가오지 않을 때도 있다. 미장센은 단지 장면을 예쁘게 찍었디, 스타일과 표현이 도드라진다는 것과는 다른 의미가 되어야 한다. 미장센에서 미술적인 요소는 일부에 불과하다. 진정 중요한 건 장면의 필요다. 이 순간에 왜 저런 표현이 필요한지에 대한 고민 말이다. 예전에 이명세 감독님이 장면이 안 풀릴 때 자문한다고 말씀하신 적이 있다. 이 장면을 마틴 스코세이지가 찍었다면 어떻게 할까. 구로사와 아키라라면? 누구나 이상적으로 생각하는 모델이 있다.

하지만 그건 답습이 아니다. 그 질문이 계속 이어지다가 마지막에 결국 마주하는 건 자기 자신이다. 내면의 불꽃. 김열이 마주했던 것도 그런 불씨다.

송경원

흑백영화 〈거미집〉에서 민자(임수정)와 유림이 다투는 2층 공간이 무척 근사하다.

김지운

거미들의 집이니까 거미 눈알처럼 작은 원형의 거울을 빽빽하게 배치했다. 욕망을 드러내는 공간인 만큼 그로테스크한 배치와 녹색과 붉은색의 강렬한 색감을 배치했다. 어차피 흑백인데 왜 원색을 썼냐고 한다면 공간성이란 그런 애착과 디테일, 태도에서 비롯되는 거라고 믿기 때문이다. 〈바람과 함께 사라지다〉(1939)에서 재미난 에피소드가 있는데, 주인공의 치마 속 원단을 최고급으로 해달라는 요청에 보이지 않는 걸 왜 그렇게 해야 하냐는 질문을 받았다고 한다. 그때 제작자 데이비드 O. 셀즈닉이 배우가 최고를 입고 연기해야 진짜 최고가 될 수 있다고 답했다. 진짜는 그렇게 카메라에 잡히지 않는, 보이지 않는 곳에서부터 시작된다.

송경원

엔딩 장면에서 김열은 자신이 만든 영화를 묘한 표정으로 바라본다. 시사회장 관객 모두가 박수와 칭찬을 보내고 있지만 그의 표정은 밝은 기색이 없다.

김지운

그것도 일종의 여백이다. 각자 다른 걸 발견했으면 좋겠다. 다만 내 의도는 두 가지 정도 있었는데, 하나는 주변에서 우레와 같은 박수를 보내는 거였다. 아까 말했듯이 이만하면 잘 만들었다, 고생했다, 괜찮다는 응원을 보내고 싶었다. 또 하나는 내가 김열의 입장이라면 무슨 생각을 할까였는데, 나는 일종의 주마등을 볼 거 같다.

스크린에 상영되는 화면, 그러니까 결과물이 아니라 이걸 찍기까지의 과정과 지나온 시간, 쏟아냈던 감정들을 마주하는 거다. 카메라 뒤에 존재했던 시간들이라고 해도 좋겠다. 〈거미집〉은 큰 틀에서는 그 뒤편의 경험들을 관객과 함께 공유하고자 했던 영화다. 모든 걸 다 태운 뒤에 남는 하얀 재와 같은 시간을 마주할 때 들리는 소리가 있다. 너를 믿어, 무엇이든 해봐라. 요즘 말로는 중요한 건 꺾이지 않는 마음이라고 하나? 자신 안의 목소리를 듣는 시간을 함께하셨으면 좋겠다. 물론 재미있게. 재미와 의미는 언제나 한 몸이니까.

▶ 〈씨네21〉, '1970년대의 오마주이자 2023년 영화인을 향한 응원가'.

송경원 평론가 × 김지운 감독 × 송강호 배우

송경원

〈조용한 가족〉(1998)부터 〈반칙왕〉(2000), 〈좋은 놈, 나쁜 놈, 이상한 놈〉(2008, 이하 〈놈놈놈〉), 〈밀정〉(2016), 〈거미집〉까지 다섯 작품을 함께 했다.

김지운

(송)강호 씨와 함께 했던 작품은 어떤 형태로든 일정한 성과를 남겼다. 그런 시너지들이 기본적인 믿음으로 자리했다. 어떤 작품이든 송강호라는 배우가 나올 수 있는 여지가 있다면 함께 하자고 제안하고 싶은 욕심이 든다. 어떤 감독이 그렇지 않겠나. 나는 그중에 제법 운이 좋은 사람일 따름이다.

송경원

범위를 좁히면 함께 한 영화로 칸을 찾은 건 2008년 〈놈놈놈〉 이후 두 번째다.

송강호

그땐 기간이 짧아서 레드카펫을 걷는 것도 제대로 즐기지 못했다. 워낙 고된 영화여서 그랬던 것 같기도 하고(웃음). 감독님과 함께 했던 영화 중 제일 힘들었던 영화 한 편을 꼽으라면 두말할 것도 없이 〈놈놈놈〉이었으니까. 올해는 상대적으로 기간도 꽤 여유 있고 함께 온 배우들도 많아 즐겁다. 영화제 레드카펫 분위기도 현장을 닮는가 보다.

송경원

〈거미집〉에서 송강호 배우는 걸작을 만들고 싶은 중견 감독 김열을 맡았다.

김지운

강호 씨가 현장에 있을 때면 항상 또 한 명의 감독이 있다는 느낌을 받았다. 각자 맡은 파트와 상대를 바라보며 몰입하는 게 배우의 일이라면 감독의 일은 현장 전반을 시야에 두는 거다. 그건 타고난 시야의 문제에 가깝다. 배우 송강호는 흐름을 읽고 자신의 자리와 역할, 필요를 탐색하는 사람이다. 감독과 제작자의 시선으로 현장 하나하나를 챙긴다. 예를 들면 '저기 입구에 물건 좀 정리해야겠다'는 사소한 것까지. 좋은 배우에게 관록과 연륜이 생기면 이렇게 믿음을 줄 수 있다는 걸 느꼈다. 그런 이유로 김열이라는 감독 역할에 송강호가 가장 올바른 선택이었다고 생각한다.

송강호

감독은 외로운 직업이라고 하지만 직접 연기해 보니 이 정도일 줄이야. 최선의 선택을 하려고 하지만 어떤 선택에도 확신을 가지기 힘들다. 끊임없이 자기 검열을 해야 하고 적어도 겉으로는 무너지지 않은 척해야 한다. '이 사람은 뭘 믿고 이렇게 자신이 있지?' 하는 면을 보여줄 필요가 있다. 김열 감독의 내면에 초점이 맞춰져 있지만 그것만으로 굴러가는 건 아니다. 시나리오를 읽을 때부터 현장의 여러 인물들의 욕망이 뒤엉켜 결말로 나아가는 과정에 이끌렸다.

송경원

뤼미에르 대극장에서 첫 상영을 마쳤다. 12분간 기립 박수를 받으며 뜨거운 반응을 이끌어 냈다. 감회가 남다를 것 같은데.

김지운

길이가 중요한 건 아니라지만 진심이 느껴졌다. 눈시울이 촉촉해졌다는 기사들이 많이 나왔는데 사실 오해다. 사실 칸에서 받는 긴 박수는 감사하면서도 힘든 부분이 있다. "이거 언제까지 해야 하는 거지?"라고 주변에 물으면서 얼굴을 감싸 쥐었는데 그게 울컥한 것처럼 기사화 돼서. 오해를 꼭 풀고 싶었다(웃음).

송강호

제일 많이 받은 질문이 칸에 여러 번 왔는데 여전히 긴장되냐는 거였다. 결론부터 말하자면 항상 긴장된다. 작품마다 긴장의 종류도 미묘하게 다르다. 많은 외신들이 지켜보고 있는 가운데 느껴지는 책임감도 있고, 작품에 대한 부담감은 한 번도 줄어든 적이 없다. 8번이 아니라 80번을 와도 긴장감은 사라지지 않을 것 같다. 아니 사라지면 곤란하다. 매 작품, 매 순간 긴장감을 유지하기 위해 노력하는 배우가 되고 싶다.

송경원

〈거미집〉은 김지운 감독 초창기 코미디에서 볼 수 있었던 독특한 호흡과 에너지가 느껴진다.

김지운

많은 감독들이 그랬던 것처럼 내게도 코로나19 때 갇혀서 모든 게 멈춘 경험들이 거꾸로 영감을 주었다. 처음으로 1.66:1 비율로 찍은 영화인데, 그렇게 찍은 가장 중요한 이유는 이 영화가 앙상블의 영화이기 때문이다. 온전히 배우에게 포커스를 맞추어 그들이 마음껏 놀 수 있는 공간을 만들어주고 싶었다. 얼핏 감독에 관한 영화처럼 보이지만 실은 그를 둘러싼 촬영 현장 그 자체를 거미줄처럼 연결해 나가는 영화다.

송강호

행복감, 만족감을 느낄 수 있었던 현장이었다. 촬영이 없을 때도 촬영장 한쪽에 삼삼오오 모여 커피 한잔하면서 이야기를 나누었다. 〈조용한 가족〉 〈반칙왕〉 같은 영화를 떠올리겠지만 배우로서는 〈살인의 추억〉 같은 영화가 생각나기도 했다. 임수정, 정수정 우리 영화의 보석 같은 두 수정을 비롯해 모든 배우들에게 잠재된 무언가를 끄집어 내주는 게 감독의 역할이구나 싶었다. 현장의 배우 한 사람 한 사람이 모두 자랑스러운 영화였다.

송경원

1970년 한국 영화 현장을 배경으로 한다.

김지운

검열의 시대였던 1970년대 한국 영화판의 고난 등을 상징적으로 빌려 오고자 했다. 레퍼런스라면 앙리 조르주 클루조 감독의 〈디아볼릭〉(1955) 같은 영화가 먼저 떠오를 수도 있겠다. 프랑스의 우아한 영화들의 기조에서 탈피하여 장르 영화에 탐닉했던 그런 에너지를 끌어오고 싶었다.

송경원

영화에 대한 영화, 영화 제작의 고됨에 대한 영화라는 점에서 칸에서 상영하기 안성맞춤이다.

김지운

당연히 의도한 건 아니지만 매번 질문하게 되는 것 같다. 우리는 왜 영화를 만드는가. 〈바빌론〉도 그렇고, 이번에 경쟁 부문에 온 난니 모레티 감독의 〈어 브라이터 투모로〉도 궁금하다. 모든 것이 멈춘 팬데믹 이후 '극장과 영화는 사람들에게 어떤 의미인가' 하는 원론적인 질문을 던지고 싶었다. 원점에서 원론적인 이야기를 하다 보니 결국 남는 건 하나였다. 아, 성공과 실패, 재능과 욕망, 그 어떤 불안에도 불구하고 끝내 할 수밖에 없는 것. 이 모든 게 영화를 향한 사랑이었구나 하는 깨달음이 있었다. 영화의 장면 하나하나가 어떤 의도를 상징적으로 담아내려 했다기보다는 영화를 향한 사랑이 남긴 흔적들이다. 사랑하지 않으면 이렇게 괴로워할 필요도 없으니까.

송경원

김열 감독은 극 중에서 배우 대신 대타로 몸소 연기를 한다. 그런데 하다 보면 연출자로서 장면보다 본인의 연기에 심취하고 욕심을 낸다. 송강호 배우가 감독을 연기하는 것처럼 감독 김지운이 연기에 대한 열망을 드러내는 것 같기도 해서 재미있다.

김지운

사실 감독은 배우들의 연기를 보는 존재다. 때로 연기를 한 번도 안 해본 사람이 어떻게 그걸 지시할 수 있나 궁금하긴 하다. 그런 열정의 흔적을 담아내고 싶었다.

송강호

실제로 배우들에게 많은 시범을 보여주신다 (웃음).

김지운

그 캐릭터의 호흡을 아는 거니까. 감독은 흐름과 호흡을 조율하는 사람이고, 배우들은 거기에 피와 살을 보태 구체적으로 표현해 주는 존재다. 이번 영화에서는 그런 앙상블의 순간들을 담아내고 싶었다. 작품 속에서 강박적으로 '삘

랑세깡스'를 강조하는 것처럼 이건 잘라낼 수 없는 어떤 순간, 거대한 앙상블에 관한 영화이자 리듬이 중요한 일종의 스크루불 코미디이기도 하다.

송강호

김열 감독은 마지막에 어떤 표정을 보여주는데 그게 이 영화가 하고 싶었던 말 같다. 잘했는지 아닌지는, 걸작을 남겼는지 아닌지는 알 수 없다. 아니 상관없다. 우리는 어차피 영화라는 거미집에 붙들려 이걸 할 수밖에 없으니까.

▶ 〈씨네21〉, "'거미집' 김지운 감독, 배우 송강호, 우리는 영화라는 거미집에 붙들렸다'.

앤솔로지스튜디오
× 송강호 배우

앤솔로지

어느덧 1년이란 시간이 흘렀습니다. 처음 시나리오를 보았을 때 〈거미집〉은 어떤 영화라고 생각하셨어요? 이후 촬영에 임하면서 새로 발견한 〈거미집〉의 요소도 있었을 테고요. 그리고 지금은 영화 〈거미집〉이 배우님에게 어떤 작품으로 남아 있는지도 궁금합니다.

송강호

예, 시간이 좀 지났죠. 신연식 감독님이자 작가님이 저에게 처음 〈거미집〉이라는 대본을 준 게 4년 전이에요. 그때 제가 영화 〈기생충〉으로 아카데미 작품상을 받고 귀국한 지 얼마 안 됐을 때인데, 그때 느꼈던 건 너무너무 이상한 시나리오였어요. 저한테는 늘 봐왔던 상업 영화의 틀 안에서 움직이는 뻔한 시나리오가 아니다 보니까 배우 입장에서도 너무너무 두려웠죠. 감독들도 마찬가지일 거예요. 왜냐하면 이 얘기를 관객들이 과연 어떻게 생각할까? 이 영화를 대중 영화로 어떻게 승화시켜야 관객들이 재미나게 볼 수 있을까. 이런 게 두려웠지만, 이상한 영화가 될 거 같으니까 절대 하면 안 되겠다는 생각은 아니었어요. 두려움 자체가 예술가들한테는 어떤 자극이 되죠. 사실은 그것 때문에 더 도전하고 싶고, 새로운 영화를 만들어보고 싶고, 그리고 대중 영화에서 볼 수 없었고 느끼지 못했던 영화적인 매력들을, 좀 힘들겠지만 찾아볼 수 있겠다는 생각이 제일 먼저 들었죠. 두려움 반, 설렘 반.

김지운 감독님이 신연식 감독 대본에 본인만의 독특한 스타일로 작품을 해석하고 만들어갔어요. 결과적으로 열광하여 좋아하는 분도 계시지만 대중과 아주 많이 소통하지는 못했어요. 그 이유는 새로운 영화에 대한 어떤 문법이랄까, 대중 영화 관객들이 소구하고 소비하는 영화가 아니다 보니 보이지 않는 벽이 있었던 것 같아요. 그건 좀 아쉽고 안타깝지만, 그럼에도 불구하고 감독님과 저를 비롯한 배우들, 스태프들은 〈거미집〉을 촬영하면서 너무 신이 났고 너무너무 즐거웠어요.

물론, 물리적으로 세트장 안에서만 촬영하다 보니까 편하면서도 사실 답답한 것도 있었어요. 영화는 이쪽저쪽으로 이동하며 이뤄지죠. 세트장 촬영, 로케 촬영 등등 장소마다의 다양한 재미가 있는데 〈거미집〉은 한 세트 공간 안에서 처음부터 끝까지 촬영이 이뤄지다 보니 답답한 면도 있었어요. 반면 배우들끼리의 앙상블과 밀도감을 높이는 데는 오히려 도움이 됐죠. 그 밀도감이 일반 여타의 작품들보다 더 높았어요.

앤솔로지

배우, 감독, 스태프가 〈거미집〉을 통해 새로운 영화 문법을 열었다면, 배우로서 관객이 어떤 것을 전달받았으면 좋으시겠어요? 관객이 무엇을 가져갈 거라고 생각하시나요?

송강호

개봉하고 무대인사를 돌면서 감독님, 우리 배우들이 관객들에게 주로 얘기했던 것은 표현은 조금씩 달라도 대개가 비슷해요. 극장 뒤에서 기다리고 있다가 상영관에 들어가면 어떤 날은 관객으로 꽉 차 있기도 하고, 어떤 날은 몇 명만 앉아 있기도 했어요. 이전에는 무대인사를 다니면 늘 극장이 관객으로 꽉 차 있었고, 번갯불에 콩 볶듯이 지나가면서 인사만 하기도 했어요. 그런데 이번 〈거미집〉 무대인사에서는 그동안 느끼지 못했던 영화에 대한 소중함이, 무대 뒤에서 가만히 쳐다보는데 짠하게 올라오는 거예요. 팬데믹, OTT 시장 등으로 극장 방문율이 줄어드는 외부 상황도 있었지만, 이 공간에서 관객분들과 직접 눈을 마주치고 영화에 대해 설명한다는 게 얼마나 소중한 기회인가 하는 생각이 들었어요. TV나 핸드폰, 또는 PC로 수십 수백 편의 콘텐츠를 버튼 하나로 얼마든지 볼 수 있는 세상에서, 버스와 지하철을 타고 친구를 만나서 밥을 먹고 표를 끊고 극장을 찾아와서 영화를 선택하고 관람하기까지의 노력과 시간. 이것이 얼마나 영화적인가. 〈거미집〉이라는 영화가 버튼 하나로 손쉽게 볼 수 있는 콘텐츠 중 하나가 아니라, 스크린을 통해서 영화만이 가지고 있는 매력을 충분히 보여줄 수 있는 영화가 바로 이렇다는 것을 느꼈으면 좋겠다고 생각했어요. 〈거미집〉은 도대체 무슨 영화지? 영화를 통해서 어떤 얘기를 하지? 이게 영화지! 하는 영화만이 가지고 있는 마력과 매력을 느낄 수 있는 영화가 되길 바랐죠. 그런데 그 시도가 반은 성공하고 반은 실패한 것 같아요. 하지만, 2000년대 이후로 영화다움이 뭔지를 한국에서 이렇게까지 재현한 영화는 〈거미집〉이 독보적이지 않을까 하고 생각해서 큰 자부심을 가지고 있어요.

앤솔로지

처음 시나리오로 접했던 것과 실제 영화 현장에서의 〈거미집〉은 어떤 지점이 달랐나요?

송강호

처음 시나리오로 접했을 때보다 영화는 훨씬 더 대중적으로 만들어진 것 같아요. 시나리오로 봤을 때는 정말 기괴하고 형이상학적인 느낌이

좀 강했거든요. 그게 이 작품의 매력이면서 배우로서 두렵기도 했었죠. 관객에게 보여주기 위해 작품을 만들기 때문에 보는 사람 입장을 생각하면서 연기를 하고 연출할 수밖에 없어요. 그래서 시나리오로 보는 영화가 아니라 실제로 관객들이 같이 감정을 느끼면서 볼 수 있는 영화로 만들기 위해서 노력했던 것 같아요. 그래서 시나리오보다는 훨씬 더 대중적으로 풀어내지 않았나 싶어요. 그리고 영화 속의 메타포 또는 상징성을 통해서 영화가 가지고 있는 표현을 십분 발휘하지 않았나 하는 생각이 들어요. 쉽게 얘기하면 감독과 배우들이 시나리오보다 훨씬 더 대중적으로 소통하기 위해서 노력한 느낌이 들었어요.

앤솔로지

이제 배우들의 앙상블 얘기로 넘어가 볼게요. 〈거미집〉에서 환상의 케미를 보여주는 앙상블 연기를 펼치셨잖아요. 앙상블을 이뤄내기 위해 배우님은 어떻게 연기하고자 했는지 얘기를 들어보고 싶어요.

송강호

한국의 영화감독 중에서 배우들의 앙상블을 디테일하고 섬세하게 그려내는 분을 손꼽자면 첫 번째로 김지운 감독님이 떠올라요. 물론, 봉준호 감독님, 박찬욱 감독님 등등 훌륭한 감독님이 너무 많지만요. 저는 배우들의 앙상블이 리듬감이라고 생각해요. 연기에 리듬감이 잘 살아 있어야 앙상블이 돋보이는데, 그 리듬감을 굉장히 디테일하고 섬세하게 조율하는 대표적인 감독이 김지운 감독님이라고 생각해요. 그리고 박정수 선생님부터 해서 같이 출연한 다른 배우들처럼, 각자의 영역에서 자기만의 독특한 색깔을 내뿜으며 연기하는 훌륭한 배우들이 모

이니까 여러 가지 개성과 색깔이 조화롭게 만들어졌어요.

앤솔로지

여러 배우와 호흡을 맞춰가는 과정도 순탄치 않았을 것 같은데요, 그 과정은 어땠나요?

송강호

힘들었죠. 〈거미집〉은 1970년대를 배경으로 한 영화예요. 하지만, 1970년대를 배경으로 한다 해도 현대극처럼 생활 연기를 자연스럽게 한다고 될 문제가 아니었어요. 현대 관객이 자연스럽게 받아들일 수 있을 정도로 조율하는 것도 힘들었지만, 작품 속에서 입체적으로 그 인물이 그 시대에 어떤 위치에서 어떻게 살아가고 있고 어떤 일을 하는지를 자연스럽게 보여준다는 게 쉽지 않은 작업이었죠. 김감독의 대사도 첫 문장부터 구어체가 아닌 문어체 같은 고어들이 나와요. "죄악이다" 같은 표현은 요즘 쓰지 않는 현대어라기보다는 옛날 예술가들이 본인의 예술세계를 설명할 때 쓰던 단어라서 얼마나 낯설어요. 받아들이는 관객들에게도 낯설었겠지만 표현으로 자연스럽게 보여주기 위해 배우 스스로가 자신감 있게 연기하지 않으면 안 될 지점도 있었고요.

반복되는 얘기지만 일반 영화나 드라마에서는 볼 수 없는 호흡을 가지고 있어요. 배우로서 쉽없이 연기하고 있지만 〈거미집〉에서는 일반 영화나 드라마에서 가지는 쉼표와는 다른 호흡이 필요했어요. 그런 것들이 일종의 표현이었는데 그런 지점에서 감독과 배우들이 서로 눈빛을 보며 암묵적으로 호흡을 맞춰나갔어요. 이렇게 연기하는 것이 김지운 감독님의 다른 작품들과는 좀 달랐던 것 같아요. 제가 출연하지 않은 영화지만 〈장화, 홍련〉이나 〈악마를 보았다〉만

봐도 다를 거예요. 〈거미집〉만이 가지고 있는 독특한 리듬감과 호흡은 새로운 어떤 지점에 있는 것 같아요.

관객들은 대중 영화에서 흔히 보이는 기승전결이라는 리듬감을 익숙하게 받아들여요. 그런데 〈거미집〉이라는 영화는 머릿속에 공식화되어 있는 기승전결의 구조를 완전히 벗어나 버리니까 대중 관객이 받아들이기에 너무나 독특한 영화였던 것 같아요. 물론 그 자체를 알아봐 주시는 기자, 평론가, 관객분들도 계시지만, 천만 명이라는 대중이 그 구조를 받아들이기엔 다소 독특한 영화였던 것 같아요.

앤솔로지

영화 촬영을 하면서 가장 많이 고민했던 지점은 어떤 것이었나요?

송강호

그 시대 예술가의 열정적인 삶을 가장 자연스럽게 전달하기 위해서, '우선 옛날엔 이렇게 영화를 찍었다가 아니라 옛날엔 이런 걸 찍었지만 옛날이라는 생각이 안 든다' '우리가 살고 있는 지금 이 세상에 대한 어떤 메타포고 엄청난 상징성이 있다' '예술가로서 가지고 있는 설명할 수 없는 논리성 같은 것들을 잘 찾아보세요'라는 의도가 전달되도록 많이 고민했어요. '이게 자연스러울까? 부자연스러울까?'가 아니라 부자연스러움이 자연스럽다고 생각하도록 말이죠. 배우 입장에서는 주체적인 연기를 하는 것이 가장 중요했던 것 같아요. 부자연스러움이 나한테 가장 자연스럽다는 꿈. 혼자서 생각하고 마인드 컨트롤을 딱 하는 순간 〈거미집〉만이 가지고 있는 캐릭터의 연기가 나온다고 생각했지만, 말은 쉬워 보여도 그런 지점이 어려웠던 것 같아요.

가장 애정이 가는 세트장이 있나요?

송강호

감독 역할을 맡아서 재미가 좀 덜 했어요. 나도 배우 역할을 할걸 생각하기도 했죠. 감독은 계속 밖에서 연기하는 걸 지켜보고, 혼자서 고민하는 모습만 있었어요. 감독만이 가지고 있는 단조로움이랄까. 혼자 막 중얼대는 장면도 많고요. 그것도 감독 캐릭터의 매력이지만, 배우들끼리 티키타카 할 수 있는 배역들이 좀 부럽기도 하고 재미있겠다고 생각했던 것 같아요.

그렇지만 난장적인 느낌들이 재미있게 그려지고, 영화적인 매력이 십분 발휘됐던 장면들이어서 감독 역할은 나름의 고뇌도 있고 여러 가지 감정들이 있었어요. 약간 피해의식에 사로잡혀 있는 감독이다 보니까 오히려 그런 지점들이 와닿았어요. 왜냐하면 저도 배우 생활을 하고 있지만 남에게 얘기할 수 없는 지점이 있거든요. 남에게 들키고 싶지 않은 지점들이 분명히 있는데, 김감독이란 캐릭터가 그걸 절묘하게 드러내면서도 예술가들의 어떤 고민의 흔적이나 아픔을 아주 심도 있게 그리지는 않지만 그런 지점을 설명하는 캐릭터여서 이 영화가 너무 좋았어요. 만약 김감독이 완벽한 영화감독이었다면 좀 재미없었을 것 같아요. 영화에서도 나오지만 데뷔작도 훔친 시나리오고, 생명이 왔다 갔다 하는 속에서 자기의 욕망과 야망 때문에 그걸 또 숨기고, 그걸 계속 합리화하니까 나약한 인간이자 예술가의 어떤 초상이랄까 하는 지점들이 엿보여서 씁쓸하지만 현실적으로 와닿는 캐릭터고 영화였어요. 그래서 좋았죠.

앤솔로지

가장 인상적인 세트장은 어디였나요?

송강호

저는 〈거미집〉에서 가장 중요하게 다루어지는 것이 나선형 계단 장면인 것 같아요. 나선형이라는 게 비틀어진 어떤 인간 욕망의 덩어리 같은 상징성도 갖고 있죠. 현실적인 얘기를 할 때도 계단 밑에서 하기도 했고, 계단이 주는 상징성이 대단히 인상적이었어요. 비틀어지고 꼬여 있고 비정상적인 어떤 인간의 욕망을 표현한 느낌이에요.

앤솔로지

세트장 얘기를 하니 하나 더 궁금했던 게 있어요. 〈거미집〉은 총 세 개의 레이어로 구성되어 있죠. 1번은 영화 속 영화인 흑백 장면, 2번은 김감독이 위치한 영화 현장, 그리고 3번은 모든 배우를 찍고 있는 실제 촬영 현장. 총 세 개의 레이어를 다루는 영화라는 점이 흥미로워요. 배우님은 이 각각의 레이어 세계를 오가며 어떤 느낌이 들었는지 궁금해요.

송강호

사실 시나리오는 좀 더 복잡했어요. 집 안에서의 김감독의 모습도 나오고, 국밥집에서 영화인들을 만나는 김감독의 모습도 나오죠. 위치한 배경에 따라 인물의 모습을 보여줄 수도 있지만, 세트장도 입체적으로 세팅되어 있었어요. 영화를 제작하는 사무실은 세트장 위에 있고, 영화를 찍는 공간은 세트장 밑에 있었죠. 이런 여러 가지가 다층적인 구조로 되어 있지 않았나 생각해요.

시나리오나 실제 촬영장도 평면적이지 않았어요. 미술과 촬영 감독님들이 색감이나 카메라 동선을 많이 신경 쓰신 것 같아요. 인간의 욕망이 위에서 밑으로 떨어지기도 하고, 밑에서 위로 올라가려고 발버둥 치는 인간의 욕망을 표현하기 위해 계단 같은 곳을 십분 활용하는 느낌이 참 좋았어요.

예를 들면, 처음에 김감독이 김부장과 대화를 나누는 장면을 보면, 두 인물 옆으로 여직원이 계단을 타고 사무실로 올라가요. 그런 공간도 되게 암시적인 것 같아요. 지배하는 것은 위에 위치해 있죠. 위로 올라가야 김감독의 재촬영을 허락할 수 있는 권한을 가진 사람들이 존재해요. 계단을 올라가는 직원은 전화받는 걸무시하면서 올라가는데 실제론 가장 밑에 있는직원이죠. 직원조차 감독의 권위보다는 훨씬 더높은 느낌을 주어요. 그 직원조차도 대화를 나누는 감독을 무시하고 소리를 내면서 걸어 올라가는 식의 이런 암시들이 아주 촘촘히 느껴지도록 구성되어 있어요.

앤솔로지

마지막으로 〈거미집〉에 남기는 마지막 멘트를부탁드리려고 해요. 배우님의 수많은 출연작 중〈거미집〉만이 가지는 의미가 있을까요?

송강호

유독 아픈 손가락으로 남을 것 같아요. 솔직히 얘기하면, 기자분들한테는 이런 표현까지는못 하는데, 〈거미집〉은 참 아름다운 영화였고 아름다운 분들하고 아름다운 작업을 했어요. 그 추억이 가슴속에 오래 남아야 할 텐데 아무래도 독자들과 많이 소통하지 못한 것에 대한 아쉬움과 아픈 지점이 있죠. 그래서 유독 아픈 손가락인 거 같아요. 영화는 흥행에 성공할 수도 있고 실패할 수도 있어요. 제가 출연한 영화들도 돌이켜 보면 좋은 영화도 많았지만 혹평받은 영화도 꽤 많았어요. 그런데 어떤 영화는 혹평을 받아도 왠지 아프지는 않았어요. 혹평받을만한 이유를 나 자신도 너무나 공감했기 때문에 마음은 쓰리지만 아픈 손가락이라는 느낌은안 들었죠. 그런데 〈거미집〉은 아픈 손가락 같아요. 그냥 잊어버리고 지나간 역사로 남길 수도 있겠지만, 이상하게 아픈 손가락이에요. 그 손가락을 떼어낼 순 없지 않을까요? 아픈 곳이 낫기를 바라면서 치료받아야 하는데, 아직은 아픈 손가락이라는 것 자체가 마음속에서 더 아픈 지점으로 남아 있는 것 같아요. 작품에 대해 험담하는 게 아니라 솔직한 심정이에요

▶ 〈거미집〉 개봉 1주년 기념 인터뷰.

부록
—콘티

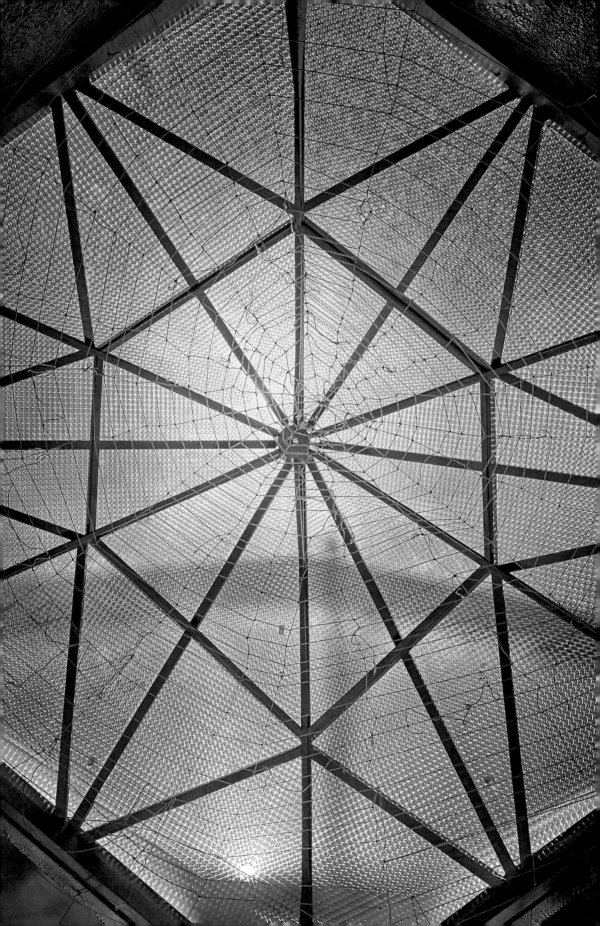

(2층 서재 베란다)
비가 들이치는 2층
베란다를 빠르게 걷는 여자.

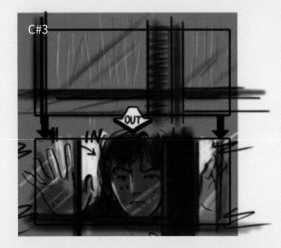

카메라 뒤로 빠지면

비에 젖은 이민자 보인다.
머리는 헝클어져 있고 두 눈을
부릅뜬 채 창문 안쪽 누군가를
쏘아보고 있다.

충혈된 민자 눈.

창문을 손톱으로 긁는
신경질적인 소리.

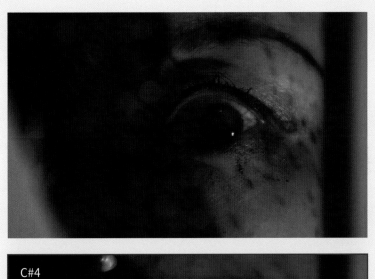

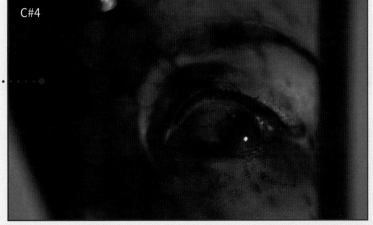

C#4

불안과 간절함, 초조함으로 간절히
기도한다.

김감독: (목소리) 이걸 못 찍으면 평생
고통 속에 살게 될 게 분명해.
평생 싸구려 감독이라고 멸시
받고 괴로워하겠지.
하느님, 하느님이 만약 계신다면
이 염원을 외면하지
말아주십시오.

김감독 고개를 떨구며 괴로워한다.

그때 다다다 누군가 뛰어오는 소리.
고해소 문을 벌컥 열려고 하더니 안
열리자 옆 고해소로 빠르게 뛰어간다.
고해소 옆문을 열고 닫는 소리.
누군가 아주 작은 소리로 감독님! 하고
부른다. 똑똑 창을 두드리는 소리에
고해소 창문을 열면 미도다.

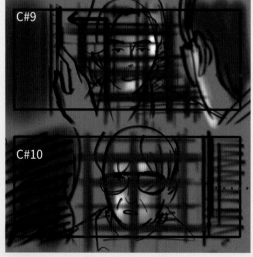

C#9

C#10

미도: (격정이지만 낮은 목소리로)
　　　감독님- 시나리오를 다 읽어봤어요.
김감독: 봤어? 어땠어??
미도: (뭔가 충만한 표정으로) 굉장해요.
　　　존경합니다. 감독님. 너무 감동
　　　받았어요. 최고예요. 마치 카프카가
　　　쓴 괴기 소설을 읽는 것 같았어요.
김감독: 카프카? 아, 역시 일본 유학파라
　　　다르다.
미도: 정말 엔딩을 이렇게 하시는 거예요?
김감독: 왜 이상해?
미도: 아뇨!! 굉장할 것 같아요!
김감독: 오 미도는 그게 보이는구나.
　　　그런데… 심의를 못 받았어.
미도: 일단 찍으세요.
김감독: (고개를 들며) 뭐?
미도: 이틀이면 되잖아요?
김감독: 이틀이면 되지.
미도: 일단 찍어요. 숙모가 오시기 전에.
김감독: 그래도 돼?

C#5

화면은 오여사가 가방을
이민자에게 집어 던지며 당장
이 집에서 나가라고 일갈을
하고 이민자는 주저앉아
서럽게 오열하는 장면이
흐른다.

C#6

우는 이민자.

C#7

역정 내는 오여사.

C#8

괴로워하는 호세.

(고목나무 세트)

화면 바뀌면서 이민자 오열하며 고목나무에 목을 맨다.

C#8

쾅 소리에 놀라 돌아보는
김감독.

C#9

(사용금지 문이 확 열리고)
백회장이 세트 문을 쾅
소리를 내며 열고 들어온다.

C#10

깜짝 놀라 비명을 지르는
여자 스태프.

C#11

김감독도 놀라 입을 다물지
못한다.

C#9

C#40

김감독: 아! …감독님!! 근데
　　　　감독님 몸.. 몸에. 불이..

C#41

신감독: 그래 불을 붙여야지!
　　　　활활 불을 붙이고 다
　　　　태우라고!!!
　　　　그게 재능이야!!
　　　　꺼내서 다 태워.
　　　　새하얗게 재가 되도록!!
　　　　자기 것을 믿으라고!!!
　　　　(점점 에코우가 되어
　　　　음성이 사라지고)

C#42

C#43

C#44

황반장: 이젠 다른 역도 좀 해봐야
죠. 아이고, 어서 오르시죠.

버스에 오르는 황반장과 구박사.

황반장, 구박사 타면, 오여사나 이
민자가 탄 차가 지나간다.

(Pan)

누군가 세트장으로 들어갈 때 그
스태프 뒤를 따라

카메라 계속 들어가면

빈 세트장에 혼자 덩그러니 앉아
있는 김감독 실루엣.

미도가 2층 계단 쪽으로 향하다가 멈칫
빈 세트장에 혼자 덩그러니 감독 의자에
앉아 있는 김감독의 뒷모습을 바라보다
2층 사무실로 향한다.

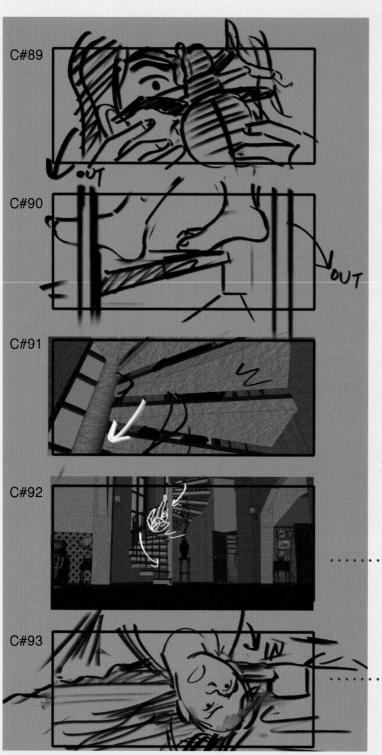

C#89

발을 헛디뎌 세차게
계단으로 구른다.

C#90

C#91

쿵!!

C#92

한유림 목이 꺾인 채 계단
끝에 굴러떨어져 있다.

C#93

한유림, 꺾인 얼굴로
천장을 보며

한유림 즉사

C#92

C#93

한유림: 난… 거미가… 싫어….

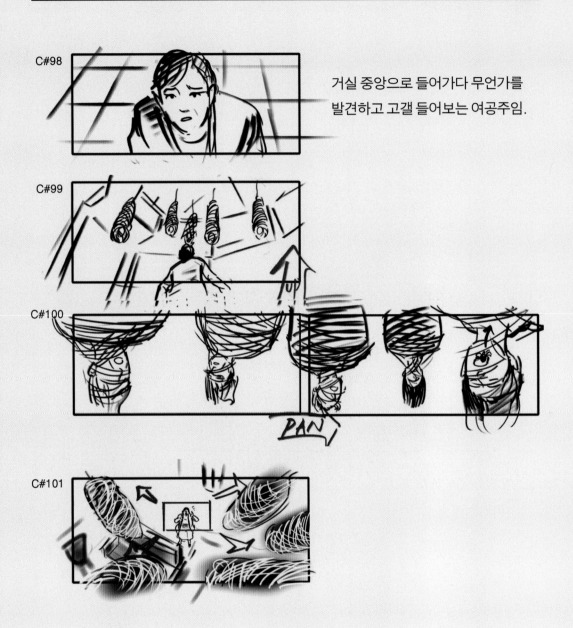

C#98

거실 중앙으로 들어가다 무언가를
발견하고 고갤 들어보는 여공주임.

C#99

C#100

PAN

C#101

기절초풍할 만한 집 안 광경을 보며 경악을
금치 못한다.

관객으로만 있던 내가 영화를 내 삶의 한 부분으로 만든 지도 벌써 20년이 훌쩍 넘었다. 벤처캐피탈에 근무하면서 영화 투자를 시작한 것이 99년이었으니 말이다.

"왜 영화 투자를 시작했어요?"

벤처 투자를 통해 상장에 성공한 기업은 투자자와 설립자들에게 많은 부를 안겨주었다. 그런데, 그건 그들만의 잔치였다. IMF의 어려움이 지속되고 있던 99년은 그런 성공조차 마치고 돌아서면 허탈하기도 하고, 주식을 갖고 있는 사람 외엔 어떠한 영향도 주지 못하는 우리만의 잔치를 하는 느낌이었다. 헛헛한 마음에 영화를 보러 갔는데, 어느 순간 내가 자리를 가득 메운 사람들이랑 함께 웃고 있었고, 영화가 마치고 나서도 같이 갔던 사람들과 영화 이야기로 수다를 떨었다. 단 몇천 원으로 사람들이 이리 즐거울 수 있다니…. 그렇게 시작한 영화 투자에서 영화가 시작할 때 내 이름이 올라가는 걸 보는 뿌듯함이란…. 결국, 영화는 함께 하는 거라는 것, 함께 무엇을 만들고, 그것을 많은 사람들과 함께 공유하는 것, 그것에 많은 의미가 있다고 생각한다. 나는 그것을 '공감'이라고 정의하고 싶다.

물론 이 부분이 영화에서 가장 어려운 것이긴 하다. 어떤 이야기를 생각해 보고, 그것을 만들기 위한 과정을 거쳐서 한참 뒤에 관객을 만나야 하는데, 그때 관객들이 공감할 수 있어야 하기에. 설령 그것이 완벽한 과정을 거쳤다고 하더라도 재미라는 측면에서 관객들에게 소구되지 않을 수도 있고, 과정이나 완성도가 미흡해도 관객들에게 소구되는 반대의 경우도 있을 것이다.

디지털미디어 문화가 급격히 발달하고 있다. 휴일 동안의 나를 관찰해 봐도 손에서 태블릿이나 TV 리모컨을 놓지 않는다. 디바이스들을 통해 우리의 시간을 장악하고 있는 콘텐츠. 나는 그 정점에 영화가 있다고 생각한다. 영화를 만들다 보니 갖게 된 생각일지도 모르지만, 쇼트 폼이라 불리는 짧은 콘텐츠가 유튜브나 플랫폼을 장악하고 OTT가 성행하면서 시리즈물이 범람하고 있지만, 이런 것들의 정점엔 두 시간이 넘는 이야기를 풀어내는 영화가 있다. 대형 스크린 앞에서 낯모르는 대중들과 같이 영화를 보는 경험은 우리가 할 수 있는 가장 보편적인 사회 활동이며, 각자가 사회의 일원임을 자각하고 확인하는 경험이다. 그리고, 이런 경험은 영화를 만드는 사람들에 의해 시작된다. 영화는 다른 콘텐츠와 다르게 대형 스크린을 메우기 위해 많은 노력을 쏟아붓는 작업이다. 한번은 미국 제작사와 공동 제작을 논의한 적이 있다. 그때 그들이 나에게 그랬다. "가장 빨리 완성하는 방법은 TV 시리즈로 하는 것이다. 하지만 영화로 한다면 두 배의 시간과 제작비가 든다." 이 말은 역설적으로 영화의 가치랄까? 한 장면을 표현하기 위해 참 많은 준비와 노력을 투입해야 하는 영화가 갖는 나름의 가치를 느끼게 해주었다.

　　이 책을 엮으면서 〈거미집〉을 돌아보는 작업은 즐겁지만은 않았다. 많은 돌아봄이 후회도 일으켰고, 무엇보다 이런 소중한 노력들을 제대로 평가받지 못하게 했다는 자책이 컸다. 하지만, 이것이 영화를 만드는 작업 그 자체라고 생각되었다. 재미있는 이야기를 바탕으로 만들어내는 영상을 감독, 배우, 스태프 모두가 같은 곳을 바라보며 한 조각 한 조각 찍어내는 것. 그리고, 그것을 위해 긴 시간 함께 웃고 울고, 밥 먹고 부대끼며 만들어낸 시간의 결과물이 영화라는 생각이 들었다. 거창하게 말하는 것 같지만….

　　2022년 봄 당진의 한 세트장에서 있었던 3개월의 시간을 시작으로 1년 넘게 달린 〈거미집〉의 여정은 어떻게 돌아봐도 후회가 없는 시간들이고, 한편으론 다시 돌아올 수 없는 보석 같은 경험이었다. 함께한 모든 사람들이 같은 곳을 바라보고 달리는 경험, 서로 보듬고 다독이며 살아본 시간을 기억한다는 것은 생각보다 훨씬 큰 의미로 다가왔다. 물론 〈거미집〉이 어떤 관객들에겐 우리의 생각보다 더 큰 위안이 됐을지도 모르고, 어떤 관객에겐 불편한 기억일지도 모르겠다. 그리고 상당히 많은 관객들에겐 여전히 생소한 이름일지도 모르지만, 〈거미집〉을 마음속 한편에서 추억하는 일이 우리가 영화를 기억해야 하는 이유와 비슷하다고 생각되었다.

커다란 공간에서 같은 영화를 보며 함께 울고 웃으며 각자의 삶을 쉬고 위안받는 시간의 기억.

이런 시간이 서로에게 힘이 되고 휴식이 되면서 과거는 추억으로 미래는 도전으로 그렇게 살아갈 수 있는 것 아닌가 싶다.

끝으로 〈거미집〉을 함께 했지만, 모든 분들을 언급할 수 없었기에 혹여 놓친 부분이 있더라도 양해를 부탁드린다. 〈거미집〉 제작에 참여한 감독님 이하 주조연 배우분들, 단역 배우분들, 우리 스태프뿐만 아니라 투자와 유통을 담당해 준 바른손이앤에이의 모든 멤버들, 그리고 해외 협력사들 모두에게 감사의 인사를 이 책으로 갈음하고자 한다.

쉽지 않은 작업을 끝까지 함께 해준 앤솔로지스튜디오의 김소현과 읻다 출판사분들께 감사의 인사를 전한다. 아울러, 자료는 물론 여러 수고를 아끼지 않아준 앤드크레딧 박혜경 대표와 〈거미집〉의 이동진 피디 등 도움을 주신 분들 덕분에 내용을 채울 수 있었다.

〈거미집〉을 사랑해 주신 관객은 물론, 이 책을 읽어주신 모든 독자분들께도 진심으로 감사의 말씀을 올린다.

더욱 열심히 영화를 만들겠습니다.

2024년 늦여름에,
최재원

거미집

제공	(주)바른손
배급	바른손이앤에이
제작	앤솔로지스튜디오(주)
공동제작	바른손 스튜디오(주)루스이소니도스
공동제공	펜처인베스트(주)
	유니온투자파트너스(주)
	바른손이앤에이
제작투자	문양권·안은미
공동투자	장용운·이재우·박진홍
투자총괄	박지성·방옥경
투자지원	문화체육관광부
	중소벤처기업부
	한국벤처투자(주)
제작	최재원
공동제작	안은미·신연식
기획/원안	신연식
각색/감독	김지운
각본	신연식
총괄프로듀서	최정화(PGK)
프로듀서	이동진
촬영	김지용
B 촬영	전혜진
조명	박준우(Nearbrothers)
그립	조기훈(Movement)
프로덕션디자인	정이진(아웃플랜)
세트	유나이티드997
녹음	안성일(사운드 브라더스)
의상	최의영(영필름)
분장/헤어	김서영
무술	정윤헌·김용훈(제이크리에이션)
편집	양진모, ACE
음악	모그(Mowg)
특수효과	박경수·김창석(JUST)
특수분장	곽태용·황효균(CELL)
Visual Effects	박성진(BARUNSON DIGITAL IDEA)
사운드	최태영(DEXTER LIVETONE)
Colorist	박진영(DEXTER THE EYE)
조감독	이범석·박민우
라인프로듀서	김계림

나오는 사람들

김감독	송강호
이민자	임수정
강호세	오정세
미도	전여빈
한유림	정수정
오여사	박정수
백회장	장영남

| 특별출연 |

신감독	정우성

| 우정출연 |

미남스타 엄태구	엄태구
강호세 부인	염혜란

김부장	김민재
조감독	김동영
강회장	김재건
최국장	장광
사냥꾼	정인기
박주사	장남열
황반장	정기섭
구박사	김중희

촬영기사	김문학
조명기사	이승진
기록	강채영
연출부1	김민하
제작부	조승구
소품기사	박현철
분장팀	강다은
의상팀	이혜아
촬영보조1	김홍국
조명보조1	이선우
세트팀1	임영준
세트팀2	김준범

분장팀장	조지승
의상팀장	차서현
촬영보조2	조윤담
연출부2	김영재
조명보조2	남중규
주임여공	이채령
여공금자	한서울
여공은자	유민주
여공동자	노아림
어린여공	안진아
영화사여직원	정미형
가방모찌 (강호세)	이혁
가방모찌 (한유림)	김수아
가방모찌 (오여사)	신연미
가방모찌 (이민자)	허영진
문공부직원1	이진한
문공부직원2	백범석
평론가1	이양희
평론가2	배성일
젊은평론가	김현준
김감독아내	김미라
카메라인수팀1	남지우
카메라인수팀2	이태현
일본인투자자1	김태훈
일본인투자자2	정명진
일본인투자자3	채하니
과거 세트장직원1	변동욱
과거 세트장직원2	이영준
과거 촬영기사	최충열
과거 촬영보조	신유식
과거 스크립터	오윤수
과거 조연여배우	이하은
성악여공	김고운
여공1	강다홍
여공2	이예림
여공3	김재영
한유림대역	최민정
여공	김심윤·박가현·장예원·송지윤·김세은
	석예림·김채원·강현주·남회정·안예진
	박시현·김서현·천슬기·김소희·임연아·최유영
Stand In	김영건·전예슬

만든 사람들

| 제작 |

제작부장	이한형
제작팀	김건무·강종현
제작회계	김심윤
COVID 지원	박가현
제작지원	김영건·홍성일·박성호·김준호
	김민우·마준혁·최경주

| 연출 |

연출팀	고영상·윤현주·고지범·송은영
스크립수퍼바이저	권유진
현장편집	조단비
스토리보드	윤중현·이창(비주얼내러티브)
연출지원	이상준

| 촬영 |

촬영 A팀	이주연·남종현·배수철·류승빈
촬영 B팀	윤정현·송은경·유성민
C카메라	김병서
촬영지원	전재형

| DIT |

DIT Supervisor	양철모(양진모 편집실 D.I.T)

| 그립 |

그립팀장	홍기태
그립팀	손민석
그립지원	배찬영·공병호·심덕용·양재홍·배윤환
	김민우

| 조명 |

조명팀	배대길·김찬우·정성호·이우정·추유원
	이상현·장병욱
조명지원	조권수·최성진·김상우·김종환·김종호
	조현재·신동진·김보경·김인수·한진형
발전차	권혁진 (라이츄)
추가 발전차	김민중

| 동시녹음 |

붐 오퍼레이터	김길남·신재현
RF 테크니션	이채명

| 미술/소품 |

아트 디렉터	김민혜·이혜인
세트 디자인	이혜인·이자운·남다솔·정이솔·안지영
미술/소품 팀장	안태한·김주혜
미술/소품 팀원	남다솔·정이솔·박수빈·김민혜
	이자운·김지영·안지영·양승관
	김유진·이하영
소품	아웃플랜
소품 지원	이기식·더 프롭

| 소품차량 |

소품차량	오병연·백영희·김성민·윤정욱
	방광헌·김용기·한상미
	(금호클래식카)

| 세트 |

세트제작 총괄 책임	정인철
세트팀 실장	최홍섭
세트팀 부장	서경석
세트팀 팀장	최호민·최희영·진성혁
세트제작팀	박찬용·김윤수·백승균·원성국·이택성·박장수
세트제작 지원	박흥용·박준규·최유진

| 작화 |

[아웃플랜]
작화팀　　　김종석 · 정치영 · 정지훈 · 김문태 · 박준식
　　　　　　윤재홍 · 문수환 · 이연진 · 노동균 · 박재헌

| 의상 |

의상팀장　　　최성미
의상팀　　　　김인지 · 김인아
컨셉 디자인　　구승하
의상 제작지원　유지민 · 정건영
의상 현장지원　김보미 · 장혜진 · 이다연 · 장윤희
의상업체　　　주식회사 영필름

| 분장/헤어 |

분장팀장　　　최수연
분장팀　　　　서승연 · 최지혜 · 김사라
분장지원　　　이소영 · 최우림

| 특수효과 |

특수효과 프로듀서　　박경수 · 김창석
특수효과 슈퍼바이저　이동호
특수효과 팀장　　　　최영웅
특수효과팀　　　　　최민준 · 안현 · 이찬민 · 이동윤

| 특수분장/특수소품 |

실장　　　이희은
팀장　　　박영무
팀원　　　이효웅 · 이고운 · 박신영 · 박소연 · 남윤서
　　　　　김유선 · 강정윤 · 강민수 · 정다운 · 최지혜
　　　　　박별이 · 지석호 · 박상현

[율아트]
실장　　　엄세용
탐정　　　이태욱
팀원　　　박정빈 · 강대환 · 구용우

| 무술 |

이민자 대역	이성민
한유림 대역	조혜경
강호세 대역	신경식
무술팀	문광식·조민교·최민혁·서민우·최충열
	임재민·이강영·김기림·노경섭·신유식

| 편집 |

1st Assistant Editor	김재원
2st Assistant Editor	손서희
편집관리	오혜진
Avid 기술지원	이상선

| Visual Effects |

[BARUNSON DIGITAL IDEA]

VFX Executive Supervisor	박성진
VFX Producer	최가영
VFX Project Producer	김파랑
VFX Project Manager	김지현
VFX Project Assistant Manager	고정인·신주연
CG Supervisor	이소영
2D Department Supervisor	양시은
3D Department Supervisor	염도선
Asset Supervisor	이진희
Asset Artists	정영빈·박상헌·천종현·박성수
	이도현·이현준·김현태·방주영
Lighting Supervisor	윤동욱
Matchmove Lead	오선미
Matchmove Artist	이유민
Animation Lead	김소나
Animation Artists	전민지·윤홍석·김은비·강재윤·안수지·정희원
Rigging Lead	김일태
Rigging Artist	이호현
Lighting Lead	김동균
Lighting Artists	조성희·임지영·김희애·이혜준
FX Supervisor	이인성
FX Leads	권영국·이성민
FX Artists	국두람·정담·한지은·최재은
	오은채·신혜림·조용현
FX Tech Artist	정재화

Environment Supervisor	주지용
Environment Lead	김형기
Environment Artists	신기철·차현민·장보희·김지원·양수인·문희지
Compositing Supervisor	박송이
Compositing Leads	이진아·김지희·김청·윤우현·이영상
Compositing Artists	이상헌·손형록
	장효선·조다솔·손윤혜·이유정
	김지은·장사라·이예원·이승연·차은서
	이옥환·유지숙·김수정·이지담
	오흥재·이은희·심은지·김지수
Mattepainting Lead	박성진
Mattepainting Artists	이세림·나하림·황금순·김근영
Motion Graphics Lead	서유리
Motion Graphics Artists	강민지·변지은
Pipeline TD	박상호·황현철·김세연·한태훈
VFX Management Department	이혜수·함혜진·이보람·유지혜
	허유림·윤미지·이승현
Digital Data Team	신윤호·박태현·정미현·김유민
VFX Planning&Marketing	최현준
VFX Supervisor Group	김경남·양오석·이상헌
Pre-Visualization Artist	양은영
Studio Chief Executive Officer	강신범·안은미·박성진
System Engineers	배명인·최종성
Human Resources Managers	정진욱·표서민
Finance Manager	유희란
Accounting Managers	남희완·지가예

[DIMIX STUDIOS]

VFX Supervisor	이경재

[AWESOME LABEL]

VFX Producer	한현국
CG Supervisors	황인원
Compositing Lead	신동녘
Compositing Artists	신기혁·임영운·김석래·허현무·박지혜·최혜림

[BLAAD]

Executive VFX Supervisor	Dongsoo Kim
VFX Producer	Lia Xu
VFX Project Managers	Yi Yang Zijiao Xi
VFX Project Assistant	Meiqiao Zhang
VFX Project Coordinators	Zilin Du Tianying Zhao Yu Cui Wendi Sun
	Jingwen Zhang
Compositing Supervisor	Xu Chen

Compositors	Fengjiao Zhao Xiaowei Zu Yang Xu Jinian
	Li Jinfeng Zhang Liping Liu Mengying Bu
	Na Zhang
	Cheng Peng Xiujiu Zhang Wenjie Liao
	Meibing Chen Wei Wei Xinyu Wang
	Xuelin Wang Wenxiu Miao
	Wang Kun Qianyun Dong Yutong Liu
	Zhenyu Kou Yue Wu
Mattepaint Artist	Wenying Zhang
System Engineer	Minjae Kim
System Admin	Tiezhu Chang
General Manager	Yumei Che
Assistant Manager	Wen Zhao
HR Manager	Yefeng Luo

[YYPicutures]

Chief Executive Officer	이윤아
Head of VFX department	김동수
VFX Supervisor	신민정
VFX Project Manager	김나연·하나리
Developer	박범준
Pipeline TD	임솔잎
General Manager	김진성

[75mm Studio]

Matchmove Supervisor	신철호
Matchmove Lead	조세환
Matchmove Artists	권나영·한태주
Producer	심은지

[REPLICA]

3DScan Executive Directors	권병학·이원교
3DScan Supervisors	박상철·전승훈
3DScan Project Manager	장유교
3DScan Projcet Producers	김재연·김예지
Drone Experts	이세진·조민우
3D Lead Artist	한강진
3D Artists	임해린·권다인·윤찬·정지윤·조윤진

[FIRSTLINE]

Concept Artists	김연수·정영교

| Digital Intermediate |

Digital Intermediate by	DEXTER THE EYE
Colorist	박진영
DI Producers	류연·김지욱·정지호
Assistant Colorists	임재형·송승현·김자남·채가희
	서강혁·유성민·김태훈·심상원
Image Mastering	김범수·안상희
System Engineers	이정훈·최민석·최진호·유영진
	윤석주·공채운·김상현·김정민
Administration Dept.	최철호·김윤수·조원만·김신혜·정태은
	정주호·백지혜·박정은·장윤혜·정다희
	고명원·조용대·최유진·안단하

| 음악 |

Original Music by	모그
Additional Composed by	모그·이은주·진비트·이정윤·와니한

[연주]

베이스	모그·진비트
기타	모그·전훈
피아노	모그·이은주·와니한
드럼	진비트·이정윤
퍼커션	진비트·이정윤
트럼펫	브라이언 신
트럼본	브라이언 신
튜바	브라이언 신

합창지도	김고운
음악녹음·믹스	필르무지커

| 사용된 음악 |

〈나뭇잎이 떨어져서〉

작곡/작사	신중현
아티스트	김추자

〈한동안 뜸했었지〉

작곡/작사	이장희
아티스트	사랑과 평화

〈거룩하다 부활이여/J'engageai ma promesse au bapteme(1779)〉
작곡/작사   주교회의 성음악소위원회(1963)
             French Traditional Melody Alt.Harm.(1963)
편곡   한국가톨릭음악저작권협회(2014)
             Arr.Harm.Alt.MCAKCC(2014)
             Copyright ⓒ MCAKCC(Holymusic) All rights
             reserved. Used by permission.3217230120
자료제공   ALMA ART 가톨릭문화원 성가사업부
책임감수   원장 박유진 바오로 신부

〈Coro a bocca chiusa〉
Giacomo Puccini(1858~1924)
Philharmonia Orchestra
(주)유니버설뮤직 제공

〈Swan Lake〉
Pyotr Ilyich Tchaikovsky(1840~1893)

〈Poupee de cire, poupee de son〉
Writer   Serge Gainsbourg
Original Publisher   Editions Bagatelle
Sub publisher   EMI Music Publishing Korea
France Gall
(주)유니버설뮤직 제공

〈Wednesday's child(Remastered 2010)〉
Original Title   THEME//THE QUILLER MEMORANDUM
Sub Title   Wednesday's Child
Writers   Mack David, John Barry
Original Publisher EMI Miller Catalog Inc.
Original Title   WEDNESDAY'S CHILD
Original Writer   Mack, David/Barry, John
Original Publisher Filmusic Publishing Co. Ltd.
Sub Publisher   Universal Music Publishing Korea
Matt Monro
(주)유니버설뮤직 제공

〈나는 너를〉
작곡/작사   신중현
아티스트   장현

| 사운드 |

Audio Post Production   DEXTER LIVETONE

Sound Supervisor	최태영
Re-Recording Mixer	최태영
Sound Designer	조예진
SFX Sound Editors	최재윤·이휘재
Ambience Sound Editor	김주현
ADR Recordist	이정욱
Dialog Sound Editors	예은지·박온
Foley Artist	이충규(FoleyPam)
Foley Recordist	신이나(FoleyPam)
Foley Editor	김민지(FoleyPam)
Administration Dept.	강혜영·류연주
Technical Support Teams	김병인·박성균

| 앤솔로지스튜디오(주) |

제작관리	최종숙
제작지원	송순호·김소현·김다나

| 바른손 스튜디오 |

기획이사	황지연
기획진행	김재희
투자진행	박정주
제작관리	황예지

법률자문	변호사 이소림(법무법인 가온)

| (주)루스이소니도스 |

프로듀서	김지형

| (주)바른손 |

투자관리총괄	이형휘
투자관리책임	이지영
투자제작진행	김중정·김소희·안민지
투자제작지원	김영철·김태훈·김주희

| 펜처인베스트(주) |

현장스틸	조원진·송경섭 (Studio.BOX)
메이킹	박찬수·장희선·김진상 (메이킹메이커)
행사 연출	장원구·곽기환·송희 (스토밍)
인쇄	박한기·김상현·박용웅
	서혜주·김찬열 (다보아이앤씨)

| 프랑스세일즈(France) ㈜화인컷 |

해외배급총괄	서영주·김도훈
해외배급책임	김윤정
해외배급진행	곽세정·김지담·이현정·김전
해외배급재무	이주화·윤현지

| 번역 |

| 영문자막번역 | Darcy Paquet |

| 매니지먼트 |

[써브라임아티스트에이전시] 송강호	라강윤·박진혁·김정현
[킹콩by스타쉽] 임수정	이진성·김종훈·김용준·김정걸·김유민
[프레인TPC] 오정세	박정민·연승주·이성건
[매니지먼트 mmm] 전여빈	김상희·이태영·이순진·강부성
[H&Entertainment] 정수정	홍민기·박상석·이수현·이호준
	이진호·최시노·김선희
박정수	김태연
[앤드마크] 장영남	권오현·은상훈·서창일·오선민·손준원
[빅펀치엔터테인먼트] 김민재	김훈·사민진·원주선·권혜지·조서연
[호두앤유엔터테인먼트(주)] 김동영	최존호·한상훈
김재건	정혜영
[신엔터테인먼트] 장 광	이수·차태영·이성민
[스타빌리지엔터테인먼트] 정인기	도윤영·고봉기·조용우
[루트비컴퍼니] 장남열	김현정·김종한
[길스토리이엔티] 김중희	이지현·황인규
[오른엔터테인먼트] 김문학	김수현
[매니지먼트 에스] 조지승	이수행·김충식·신운석·한정화
[써브라임아티스트에이전시] 강다은	라형윤·최지연
[iMe KOREA] 한서울	신제광·남종호·심종오·황민
[(주)피엘케이굿프렌즈] 김현준	박연정·김경연·최현오·조현윤·김윤식
[sidus HQ] 안진아	오준·김덕수·송민수
[빅스마일엔터테인먼트] 김영재	김대성·송대희·이연우
[엘줄라이엔터테인먼트] 남중규	이주래·전재민·김하나

| 제작협찬 |

하이모 · 더조은 주식회사 · QUASH · 대종상영화제 · 청룡영화상 · 카톨릭 협회
연방영화사 · 신상옥 기념 사업회 · 충남소방본부 윤보미

| 미술 · 소품협찬 |

최지환 · 블라인드에스 · 성진철물 · 와우조명 · 조명나라 · 프로라이팅 · 진영글라스

| 의상협찬 |

설영희부띠끄마리에블랑 · 방씨네 아빠시계 · 옵티칼더블유 · 마리링고
영브릿지 · 카리스몬타포네 · 에반스모자

| SPECIAL Thanks to |

권재우 · 김경민 · 김도수 · 김원국 · 김정우 · 김지숙 · 김지유 · 김진우 · 김태리 · 김태완 · 김현 · 박세준 · 박은경 · 박재범박재현
· 박혜령 · 백지연 · 송대찬 · 엄태구 · 윤정주 · 이계벽 · 이동욱 · 이동훈 · 이선균 · 이유진 · 이재인 · 이정세
이형욱 · 임시완 · 정경재 · 정경호 · 정을영 · 정이지 · 최수일 · 하연주 · 한성수 · 홍정인 · 더램프 · 루이스픽쳐스
메가박스 플러스 엠 · 바운드엔터테인먼트 · 쇼박스 · 스튜디오드래곤 5CP · 영화사 집 · 웰리카
26컴퍼니엔터미디어 픽쳐스&엔터미디어 콘텐츠 · 하이브미디어코프

거미집 다시 보기
: 쁠랑세깡스

발행일 2024년 10월 11일 초판 1쇄
지은이 앤솔로지스튜디오(최재원)
엮은이 최재원
기 획 최재원·잇다
진 행 김소현
편 집 김준섭·최은지·이해임
표지 디자인 박해연
본문 디자인 조평화·박서우·박해연
지 원 바른손이앤에이·앤드크레딧
스틸 제공 바른손이앤에이
콘셉트 아트 이미지 제공 앤솔로지스튜디오·정이진(아웃플랜)

펴낸곳 잇다
펴낸이 김현우
등 록 제2017-000046호. 2015년 3월 11일
주 소 (04035) 서울 마포구 양화로11길 68 다솜빌딩 2층
전 화 02-6494-2001
팩 스 0303-3442-0305
홈페이지 itta.co.kr
이메일 itta@itta.co.kr

ISBN 979-11-93240-52-6 03680

앤솔로지 스튜디오(주)
ANTHOLOGY STUDIOS   BARUNSON E&A